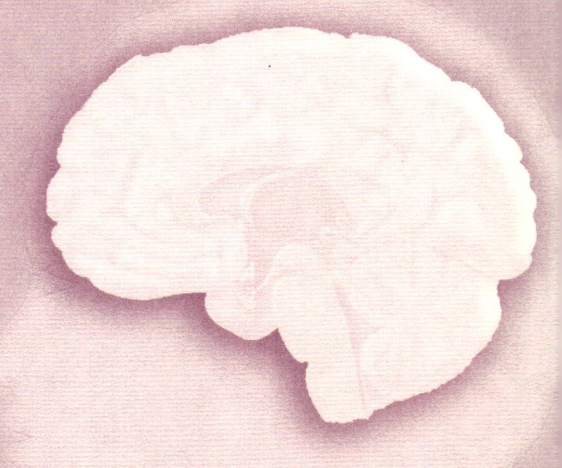

Margriet Sitskoorn
DU WILLST ES DOCH AUCH

MARGRIET
SITSKOORN
DU WILLST
ES DOCH
AUCH
WARUM UNS DAS
GEHIRN
SÜNDIGEN
LÄSST

**Aus dem Niederländischen
von Bärbel Jänicke**

Lübbe Hardcover

Dieser Titel ist auch als E-Book erschienen.

Lübbe Hardcover in der Bastei Lübbe GmbH & Co. KG

Die niederländische Originalausgabe erschien unter dem Titel
»Passies van het brein. Waarom zondigen zo verleidelijk is«
bei Uitgeverij Prometheus/Bert Bakker, Amsterdam.

Für die Originalausgabe:
Copyright © 2010 by Margriet Sitskoorn

Für die deutschsprachige Ausgabe:
Copyright © 2012 by Bastei Lübbe GmbH & Co. KG, Köln
Textredaktion: Marion Labonte, Wachtberg
Umschlaggestaltung: Manuela Städele
Umschlagmotiv: © shutterstock/Doodle art
Satz: Dörlemann Satz, Lemförde
Gesetzt aus der Adobe Garamond und der Univers
Druck und Einband: GGP Media GmbH, Pößneck

Printed in Germany
ISBN 978-3-7857-2437-8

5 4 3 2 1

Sie finden uns im Internet unter: www.luebbe.de
Bitte beachten Sie auch: www.lesejury.de

INHALT

VORWORT

Warum fällt es uns manchmal bloß so schwer, sündhaften Verlockungen zu widerstehen? Warum lassen wir uns hin und wieder zu Handlungen verleiten, die für uns persönlich und für andere negative Konsequenzen haben? Wie kommt es, dass wir manchen Reizen scheinbar nichts entgegensetzen können? Warum lassen wir uns zu einer unmittelbaren Befriedigung unserer Bedürfnisse verführen, obwohl wir ahnen, dass wir es später bereuen werden? Warum sündigen wir so oft wider besseren Wissens?

In diesem Buch möchte ich den Zusammenhang zwischen unserem Gehirn und dem verführerischen Sog unserer Sünden beleuchten. Es gibt unzählige Arten zu sündigen: Manche Menschen treiben andere durch ihre Habsucht in den Ruin, andere sind Schokolade oder Sex verfallen und fügen damit ihrem Leib und Liebesleben Schaden zu. Und wieder andere ergeben sich ihrer Wut und entfernen sich schließlich von sich selbst und ihren Mitmenschen. Ich weiß natürlich nicht, welche Sünden Sie begehen oder begangen haben. Aber ich weiß, dass es eine Reihe von Sünden gibt, denen der Zahn der Zeit nichts anhaben konnte: eine Reihe, die gewiss auch eine Sünde enthält, zu der Sie eine Geschichte erzählen könnten; eine Reihe, die eine Sünde – vielleicht sogar zwei, drei oder vier davon – enthält, zu der Sie sich in Ihrer Vergangenheit haben verleiten lassen und die in der Folge Ihr heutiges Leben und vielleicht auch das Leben anderer nachhaltig geprägt hat. Die Reihe, von der ich hier spreche, ist die der sieben Sünden: Habsucht, Lust, Neid, Hochmut, Gefräßigkeit, Wut und Trägheit.

Über diese sieben Sünden wurde – und wird immer noch – viel geschrieben. Philosophen und Theologen, Psychologen und Schriftsteller, Maler und Filmemacher setzen sich seit Jahrhunderten intensiv mit diesen eng verwobenen Sünden auseinander. Dabei ist die Beziehung zwischen den Sünden und dem menschlichen Gehirn jedoch höchst selten thematisiert worden. Die Zeit dafür ist nun reif – sowohl in wissenschaftlicher als auch in gesellschaftlicher Hinsicht. In den Kognitions- und Neurowissenschaften wächst das Wissen über den Zusammenhang zwischen dem Wesen des Menschen und seinem Gehirn. Themen wie Aggression, Empathie, Ekel, Motivation, Intention, freier Wille, Selbstwahrnehmung und Moralität sind heute Gegenstand der Hirnforschung. Wir erfahren immer mehr darüber, warum wir so handeln, wie wir handeln, und warum wir wollen, was wir wollen. Dieses Wissen verschafft uns nicht nur Einblicke in unsere edlen Motive, sondern auch in unsere weniger achtbaren Beweggründe; es zeigt auf, warum wir übereinander reden, anderen ein Bein stellen, uns auf Diebstahl, Gaunereien, Nachbarschaftsstreitereien und Kämpfe einlassen. Um solche Einsichten und ihren Bezug zu den sieben Sünden geht es in diesem Buch.

Dieses populärwissenschaftliche Buch bietet also weder eine historische Darstellung noch eine theologische oder philosophische Abhandlung der Sünden. Es geht vielmehr auf Entdeckungsreise und sucht nach Antworten auf die Frage, wie die Sünden in unserem Gehirn verankert sind, wie sie uns steuern, uns Stolpersteine in den Weg legen, uns zu Fall bringen und uns wieder aufstehen lassen. Es zeigt auf, wie sie uns zu unsozialem Verhalten animieren, zugleich aber Soziales in sich tragen; wie sie mit Schmerz und Genuss zusammenhängen, wie wir sie ausleben, unterdrücken und an unser Leben anpassen. Und es verdeutlicht, warum wir den Verlockungen immer wieder verfallen und wie die Sünden uns zu guter Letzt zu Weisheit führen können.

Der holländische Originaltitel (*Leidenschaften des Gehirns. Warum Sündigen so verführerisch ist*) verweist schon in seiner Begrifflichkeit auf den Zusammenhang zwischen Angst und Leiden sowie zwischen Leidenschaft und Hingabe – es sind Ausprägungen der Leidenschaft, die sich auch im Kontext der Sünden und der entsprechenden charakteristischen Verhaltensweisen wiederfinden. Es geht hier also um Dinge, die uns, gelinde gesagt, nicht unberührt lassen; die uns vielleicht sogar stärker berühren, als wir glauben. Während der Arbeit an diesem Buch wurde mir bewusst, dass es unmöglich ist, über das Sündigen zu schreiben oder zu lesen, ohne persönlich involviert zu werden. Mir wurde klar, dass ein Buch über das Sündigen eigentlich ein interaktives Buch ist, das beim Lesen auch autobiografische Bezüge herstellt. Es ruft Erinnerungen, Sehnsüchte und Vorsätze ins Gedächtnis, die das eigene Leben stark beeinflusst und geprägt haben.

Das Buch stellt im Anschluss an ein einleitendes Kapitel Überlegungen zu den genannten sieben Sünden an. Jedes Kapitel beginnt mit der Geschichte eines Menschen, der aufgrund einer (Dys-)Funktion seines Gehirns zum Spielball einer der Sünden geworden ist: Da ist z. B. der Mann, der aufgrund einer Hirnschädigung seine Lust nicht mehr zügeln kann; oder die Frau, die aufgrund einer Erkrankung buchstäblich alles essen will, worauf ihr Blick fällt. Im Anschluss behandeln die einzelnen Kapitel den Zusammenhang zwischen dem Gehirn, der jeweiligen Sünde und dem entsprechend normalen Verhalten. Die Grafiken am Ende des Buches zeigen eine vereinfachte Darstellung des Gehirns mit Verweis auf die wichtigsten Genuss und Schmerz verarbeitenden Areale. Jedes Kapitel weist abschließend ein Dilemma mit Bezug zur im Kapitel thematisierten Sünde auf. Hier geht es unter anderem um Methoden der Einflussnahme auf andere und um Fragen wie: »Würden Sie eine Substanz nutzen, die andere motiviert, Ihnen ihr Geld zu geben?«, oder: »Würden Sie eine Manipulationstechnik anwenden, um jemanden in Ihr Bett zu locken?« Das Buch schließt mit dem Kapitel »Leidenschaften des Gehirns«, das die Erkenntnisse der vorangegangenen Kapitel bündelt. Dort wird zum einen deutlich werden, dass es durchaus Gründe für die große Macht unserer Sünden gibt. Zum anderen wird sich zeigen, dass die Sünden – der zahlreichen Probleme, die sie uns bereiten, zum Trotz – auch tugendhafte Züge in sich tragen.

Ich hoffe, dass dieses Buch Ihnen einen Einblick in die Zusammenhänge zwischen Ihrem Gehirn, Ihren Sehnsüchten und Ihrem Verhalten vermitteln kann und Ihr Interesse an weiteren Erkenntnissen auf diesem Gebiet weckt.

DIE SIEBEN SÜNDEN UND DAS GEHIRN

Die unglaubliche Geschichte des Phineas Gage

Zunächst scheint der Mittwochnachmittag des 13. September 1848 völlig normal zu verlaufen. Ganz in der Nähe des kleinen Ortes Cavendish in Vermont in den USA arbeiten die Gleisarbeiter hart am Unterbau der Rutland-Burlington-Bahnstrecke. Um das Gleisbett legen zu können, müssen sie noch zahlreiche Felsbrocken entfernen. Ihre Spitzhacken schlagen die großen Felsblöcke entzwei, die Bruchstücke werden anschließend in Ochsenkarren verladen und weggebracht. Der Vorarbeiter der Männer, die diese Schwerstarbeit erledigen, heißt Phineas Gage. Er ist fünfundzwanzig Jahre alt, engagiert, energisch, intelligent und beharrlich.

Phineas ist ein willensstarker Mann mit guter Physis und guten sozialen Fähigkeiten, der respektvoll mit seinen Mitmenschen umgeht und Grobheiten und andere Unarten ablehnt. Er leistet gute Arbeit und ist aufgrund seines fachlichen Könnens und seiner angenehmen Art bei seinen Männern und Vorgesetzten beliebt. Seine Chefs halten ihn sogar für den tüchtigsten und fähigsten Vorarbeiter des Unternehmens.

Neben der Führung seiner Mitarbeiter hat Phineas eine

weitere wichtige, nicht ganz ungefährliche Aufgabe. Er muss die Felsbrocken, die auf der Trasse der künftigen Gleise liegen und zu groß sind, um sie mit der Spitzhacke zu bearbeiten, in handhabbare Stücke verwandeln. Dazu bedarf es eines mehrschrittigen Verfahrens: Zunächst bohren seine Männer Löcher in die Felsblöcke, in denen Phineas anschließend Schießpulver und eine Lunte deponiert. Dann drückt er Sand oder eine ähnliche Substanz auf das Schießpulver, um die Kraft der Explosion in den Felsbrocken zu lenken und dadurch das Gestein in Stücke zu reißen. Der Sand wird dabei mit einem speziell dafür hergestellten, fast 110 Zentimeter langen und etwa 6 Kilo schweren Stopfeisen angedrückt, das vorne zu einer Spitze und hinten zu einem etwas breiteren, runden Abschluss geformt ist. Erst wenn alle sich in Sicherheit gebracht haben, erfolgt die Zündung. Unmittelbar darauf kommt es zur Explosion, die den Felsbrocken aufsprengt.

Phineas hat diese Handlungen schon unzählige Male ausgeführt, doch am 13. September 1848 läuft alles anders. Phineas steckt das Schießpulver und die Lunte in das Loch im Fels. Den Eisenstab hält er in der Hand. Vielleicht ruft jemand seinen Namen, vielleicht sieht er etwas Ungewöhnliches – wir wissen es nicht genau. Jedenfalls wird er bei der Vorbereitung der Explosion von irgendetwas abgelenkt. Er wirft einen Blick nach hinten, das Stopfeisen gleitet ihm aus der Hand und auf den Stein. Ein Funke blitzt, ein Knall erschallt – und dann ereignet sich eine enorme Explosion. Von ihrer Wucht wird auch die Eisenstange erfasst; alles geht so schnell, dass keine Zeit für Reaktionen bleibt. Die Stange schießt quer durch Phineas' Kopf. Sie dringt direkt unterhalb des linken Jochbeins in sein Gesicht ein, schießt hinter seinem Auge durch den vorderen Bereich seines Gehirns, tritt am Scheitel wieder aus dem Schädel aus und fällt in etwa fünfundzwanzig Metern Entfernung zu Boden.

Phineas Gages Schädel und die Stange, die ihn bei der Explosion durchbohrte. Laut John Fleischmann wurden die Fotos 1868 von Dr. Harlow aufgenommen.

Männer rennen schreiend umher. Der Rauch der Explosion verzieht sich. Alle erholen sich allmählich vom ersten Schreck – und dann fällt ihr Blick auf Phineas. Er liegt auf dem Rücken und blickt verstört um sich. Sein Gesicht ist blutüberströmt und in seinem Schädel klafft eine offene Wunde, ein Teil seines verletzten Gehirns ist sichtbar. Einige Männer laufen zu ihm hin und helfen ihm auf, Phineas spricht mit ihnen. Sie bringen ihn zu einem Ochsenkarren, auf den er sich setzen kann. Aufrecht sitzend karren sie ihn über holprige Sandpfade zum Hotel seines Vermieters Joseph Adams in Cavendish.

Als sie dort ankommen, steigt er aus. Er setzt sich auf die Treppe der Hotelveranda und schildert den Umstehenden in knappen Worten, was ihm zugestoßen ist. Alle sind fassungslos: Wieso kann dieser Mann, dem gerade eine Eisenstange durch den Kopf geschossen ist und der so fürchterlich ramponiert aussieht, noch sprechen und laufen? Phineas wartet, während sie Hilfe holen.

Nachdem der Arzt des Ortes, Doktor John Martyn Harlow, endlich gefunden ist, führt er Phineas auf das Hotelzimmer. Er wäscht das Blut ab, reinigt die Wunde und schiebt die losen Schädelfragmente wieder zurück an ihren Platz. Dort, wo Teile des Knochenpuzzles fehlen, bleibt die Wunde offen. Phineas scheint sich zunächst recht gut zu fühlen, doch das ändert sich mit fortwährender Dauer. Nach einer Weile entwickeln sich Ödeme, sein Gehirn schwillt an. Aber Phineas hat Glück im Unglück, denn der offene Schädel verhindert eine tödliche Hirnquetschung und bietet seinem Gehirn Platz, sich auszudehnen. Eine offene Schädelwunde hat andererseits allerdings auch Nachteile, die schon bald zutage treten. Phineas bekommt hohes Fieber, seine Kopfwunde beginnt zu eitern, sein offen liegendes Gehirn ist entzündet. Doktor Harlow tut, was er kann. Er hält die Wunde des Patienten sauber, lässt den Eiter ablaufen und verbindet die Wunden neu. Nach einigen Wochen geht es Phineas besser, das Fieber sinkt, er hat wieder Appetit, die Wunden beginnen zu heilen. Der Patient, dem ein Eisenstab durch den Kopf geschossen war, erholt sich.

Am 25. November, nicht einmal drei Monate nach dem Unfall, ist Phineas wieder so weit genesen, dass er in sein Elternhaus im dreißig Kilometer entfernten Örtchen Lebanon in New Hampshire zurückkehren kann. Doktor Harlow schildert den Befund seines seltsamen Patienten in einem Artikel für das *Boston Medical & Surgical Journal*: Er hat zwar den Eindruck, dass Phineas vollkommen wiederhergestellt ist, sein Patient kann schließlich gehen und sprechen und scheint sich guter Gesundheit zu erfreuen, doch eines lässt den Arzt nicht ruhen: Phineas scheint nicht ganz er selbst zu sein. 1851 erscheint im *American Phrenological Journal and Repository of Science, Literature and General Intelligence* anonym ein Artikel über den außergewöhnlichen Heilungsprozess eines Patienten. In ihm heißt es: »Während und nach seinem Genesungsprozess verhielt sich der Mann grob, bediente sich gotteslästerlicher Ausdrücke und benahm sich so vulgär, dass seine Gesellschaft für anständige Menschen nicht zu ertragen war.« Beschreiben diese Worte Phineas Gage? Diesen einst so tüchtigen, intelligenten, sozial kompetenten und beharrlichen Mann?

Unterdessen versucht Phineas wieder in seinem alten Leben Fuß zu fassen. Die Sehfähigkeit seines linken Auges ist zwar in Mitleidenschaft gezogen, davon abgesehen fühlt er sich jedoch stark und gesund. Er kehrt zu seiner Arbeit beim Gleisbau zurück, doch der Unfall hat ihn so verändert, dass seine Arbeitgeber ihn entlassen. Er muss sich etwas Neues suchen. Aber was? Er geht auf Reisen und landet unter anderem in Boston und New York. In New York arbeitet er eine Weile in P. T. Barnum's American Museum. Sein Auftritt ist Teil einer Freakshow, in der die Zuschauer für 25 Cent zudem »exotische Frauen, Zwerge, Riesen und Meerjungfrauen« bestaunen können. Phineas stellt sich mit der Eisenstange zur Schau, die er überall mit hin nimmt.

1851 arbeitet er in den Stallungen von Jonathan Currier. Dort begegnet er einem Mann, der in Valparaíso eine Postkutschenlinie aufbauen will. Phineas begleitet ihn nach Chile, wo er einige Jahre verbringt. Doch leider verschlechtert sich sein Gesundheitszustand, sodass er nach acht Jahren beschließt, zurückzukehren.

Nach seiner Ankunft arbeitet er zunächst auf einer Farm, aber auch das geht nicht lange gut. Irgendwann im Februar 1860, als er mit seiner Familie am Mittagstisch sitzt, beginnt er am ganzen Körper zu zucken. Er hat einen epileptischen Anfall, dem schon bald weitere folgen. Sein Gesundheitszustand verschlechtert sich dramatisch. Dennoch versucht er immer wieder, eine neue Arbeit aufzunehmen. Doch an jedem Arbeitgeber hat er – wie seine Mutter es formuliert – schon nach kurzer Zeit wieder etwas auszusetzen. Seiner Mutter fällt auf, wie gerne er sich mit seinen kleinen Nichten und Neffen beschäftigt, er unterhält sie mit fantastischen Geschichten. Auch an Haustieren und kleinem Krimskrams hat er große Freude.

Am 18. Mai zieht Phineas zu seiner Mutter. Einige Tage nach seinem Einzug erleidet er erneut einen schweren epileptischen Anfall. Weitere folgen, und schließlich kapituliert sein Körper. Der Mann, dem zwölf Jahre zuvor eine Eisenstange durch den Kopf geschossen war, dem man aufgeholfen hatte, der seinen eigenen Unfall kommentiert und einfach weitergemacht hatte, stirbt am Abend des 21. Mai 1860, neunzehn Tage vor seinem siebenunddreißigsten Geburtstag. Phineas Gage wird auf dem Lone Mountain Friedhof beerdigt.

Einige Jahre später versucht Doktor Harlow, der Phineas und seine Familie aus den Augen verloren hat, herauszufinden, wo sich Phineas aufhält und wie es um ihn steht. Er macht den Wohnort seiner Mutter ausfindig und schreibt ihr einen Brief. Mit Bedauern wird ihm daraufhin mitgeteilt, dass Phineas sechs Jahre zuvor gestorben ist. Doktor Harlow ist sich darüber im Klaren, dass es für eine Autopsie zu spät ist, dass Phineas' Schädel in wissenschaftlicher Hinsicht aber sehr aufschlussreich sein kann. Daher bittet er Phineas' Mutter um die Erlaubnis, die Leiche ihres Sohnes zu exhumieren, dem Grab Phineas' Schädel zu entnehmen und ihm diesen zu überlassen. Phineas Mutter willigt ein. Die Leiche wird an einem trüben Herbsttag des Jahres 1867 exhumiert, der Schädel wird vom Körper getrennt und nach einer langen Zugfahrt bei Doktor Harlow in Massachusetts abgeliefert.

Harlow studiert den Schädel eingehend und beschließt, mehr als neunzehn Jahre nach dem Explosionsunfall, das Schweigen über seinen besonderen Patienten zu brechen. Doktor Harlow hatte, wahrscheinlich aus Gründen der Schweigepflicht, stets wenig über den Zustand seines Patienten mitgeteilt und beständig versichert, Phineas wirke völlig gesund. Nun charakterisiert er ihn in seinen Schriften folgendermaßen: »Das Äquillibrium oder Gleichgewicht zwischen seinen intellektuellen Fähigkeiten und seinen animalischen Trieben scheint zerstört zu sein. Er ist bisweilen launisch, respektlos, gibt sich manchmal hemmungslos seinen niederen Trieben hin (was früher nicht zu seinen Eigenschaften zählte) und zeigt wenig Respekt vor seinen Mitmenschen. Er reagiert ungehalten auf Einschränkungen oder Ratschläge, wenn sie seinen Wünschen entgegenstehen, ist manchmal hartnäckig und halsstarrig, er ist launisch und wankelmütig. Er denkt sich Pläne für die Zukunft aus, die ebenso schnell entworfen werden, wie sie verworfen werden, zugunsten anderer scheinbar leichter durchführbarer Pläne. In seinen intellektuellen Fähigkeiten und Äußerungen kindlich, besitzt er die animalischen Leidenschaften eines starken Mannes. In dieser Hinsicht hatte sich Phineas' Persönlichkeit so grundlegend verändert, dass seine Freunde und Verwandten sagten, er ›sei nicht mehr Gage‹.«

Phineas' Schädel sowie die Eisenstange, die ihn durchbohrt hat, können durchaus besichtigt werden. Doktor Harlow hatte sie seinerzeit dem Warren Anatomical Museum der Harvard Medical School in Boston vermacht, wo sie auf Anfrage noch immer zu bewundern sind.

Das Gehirn, die Sünden und die moderne Welt

Das ist eine traurige Geschichte. Phineas Gage, der sich zuvor durch seine Tugenden ausgezeichnet hatte, wurde nach der Schädigung seines Gehirns gewissermaßen durch die Vielzahl seiner Sünden charakterisiert. Er war nicht mehr freundlich, respektvoll, intelligent, energisch und anpackend, sondern verhielt sich – laut Doktor Harlows Beschreibung – launisch, respektlos, ausfallend und geringschätzig gegenüber seinen Mitmenschen. Anders als vor dem Unfall fiel es ihm nun auch schwer, die Selbstbeherrschung nicht zu verlieren. Er war halsstarrig, impulsiv und so wankelmütig, dass er Pläne, die er schmiedete, nicht in die Tat umsetzte. Nach seinem Unfall schienen seine animalischen

Leidenschaften die Oberhand über seine intellektuellen Fähigkeiten gewonnen zu haben. Obwohl es nicht unmittelbar aus Doktor Harlows Berichten hervorgeht, wird Phineas in späteren Schilderungen fast jede der sieben Sünden zugeschrieben. Was davon der Wahrheit entspricht, lässt sich heute nicht mehr ermitteln. Fest steht jedoch, dass sich seine Persönlichkeit aufgrund der Hirnschädigung drastisch veränderte, zugespitzt formuliert könnte man sagen, aus sittsam wurde sündig. Der Fall des Phineas Gage, der sich tatsächlich ereignet hat, macht deutlich, dass eine Hirnschädigung eine sozial angepasste, verantwortliche Person in einen Menschen verwandeln kann, der sich nicht um soziale Regeln schert und sich viel stärker als zuvor von seinen Primärtrieben leiten lässt.

Diese Schlussfolgerung wirft eine Reihe von Fragen auf. Wenn man sich durch eine Hirnschädigung von einem tugendhaften in einen sündigen Menschen verwandeln kann, entscheidet dann nicht unser Gehirn über unsere Sünden? Können wir einen Heiligen zu einem Sünder machen, indem wir sein Gehirn gezielt schädigen? Und wenn wir das können, funktioniert es dann auch umgekehrt? Können wir einen Sünder durch Eingriffe in seinem Gehirn zu einem Heiligen machen? Oder zumindest zu einem kleineren Sünder? Oder zu einem kleineren Heiligen?

Diese Frage lässt sich nicht ohne Weiteres angemessen beantworten. Aus dem Bericht über Phineas Gage und Berichten jüngeren Datums über Patienten mit ähnlichen Hirnschäden können wir jedenfalls schließen, dass unsere soziale Kompetenz wie auch unsere Fähigkeiten, grundlegende Impulse zu kontrollieren, vernünftige Entscheidungen zu treffen und die Interessen anderer zu berücksichtigen – um nur einige zu nennen –, mit unserem Gehirn zusammenhängen.

Aber wie? Wie hängen all diese Fähigkeiten, die nicht nur unser eigenes Leben, sondern auch das Leben der Menschen in unserem Umfeld sehr viel angenehmer machen können, mit unserem Gehirn zusammen?

Heute, mehr als anderthalb Jahrhunderte nach seinem Unfall, trägt Phineas Gage noch immer zur Klärung dieser Frage bei. Denn dank der modernen technischen Möglichkeiten ist es einer Gruppe von Hirnforschern der University of Iowa Hospitals & Clinics in Iowa in den USA unter der Leitung von Hanna Damasio gelungen, Phineas wieder auferstehen zu lassen.

Mithilfe des seinerzeit exhumierten Schädels und unter Einsatz einer Vielzahl moderner Technologien rekonstruierte Hanna Damasio den Weg des Eisenstabes durch Phineas' Gehirn und den dabei entstandenen Schaden.

Ihren Berechnungen zufolge muss der Eisenstab in sehr steilem Winkel in Phineas' Gehirn eingedrungen sein. Die Untersuchung ergab, dass Phineas in mehrfacher Hinsicht Glück im Unglück hatte: Obwohl sich der Stab quer durch das Gehirn gebohrt hatte, waren einige wichtige Hirnareale nicht in Mitleidenschaft gezogen. In der linken Hirnhälfte war der Stab beispielsweise haarscharf am Sprachzentrum des Gehirns, dem Broca-Areal, vorbeigeschossen, was erklärt, weshalb Phineas anschließend noch normal sprechen konnte. Die motorischen Hirnareale waren ebenfalls verschont geblieben, so war Phineas weiterhin imstande zu laufen. Außerdem waren die somatosensorischen Areale seines Gehirns, die Informationen aus den Sinnen integrieren, unverletzt geblieben. Was aber hat dann Phineas Gages Verhaltensänderung bewirkt? Oder anders formuliert, welche Teile seines Gehirns waren eigentlich beschädigt worden? Der Eisenstab hatte sich ungefähr dort, wo beide Hirnhälften zusammentreffen, quer durch die frontale Hirnrinde,

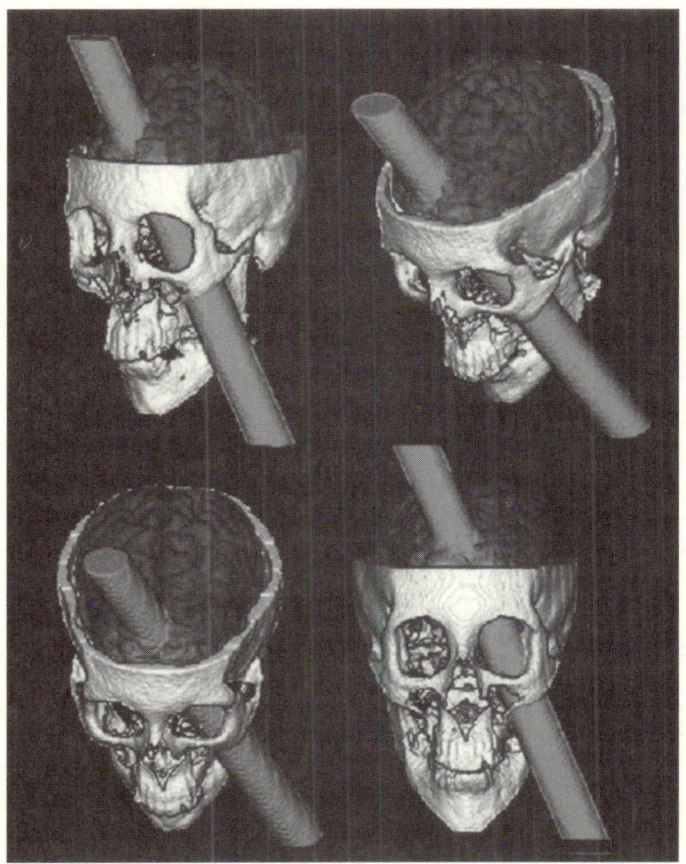

Rekonstruktion des Weges, auf dem sich die Eisenstange möglicherweise durch den Schädel und das Gehirn von Phineas Gage gebohrt hat. Abbildung vom Titelblatt der Zeitschrift *Science*.

also den vorderen Teil des Gehirns (siehe hintere Grafiken), gebohrt. Nach der von Hanna Damasio und ihren Kollegen erstellten Rekonstruktion war vor allem der untere Bereich der vorderen linken Hirnhälfte verletzt worden. (Der Wissenschaftler Peter Ratiu von der Brigham and Women's Hospital and Harvard Medical School, Boston Massachusetts, und seine Kollegen gelangten aufgrund ihrer digitalen Rekonstruktion des Unfalls zu einem etwas anderen Schluss. Ihrer Ansicht nach waren im Gehirn nicht beide Frontallappen beschädigt worden, sondern ausschließlich die frontalen Areale der linken Hirnhälfte.

Die Darstellung der entsprechenden Rekonstruktion finden Sie im Internet unter der URL http://content.nejm.org/cgi/content/full/351/23/e21/DC1.

Das in Phineas Gages Gehirn beschädigte Areal bezeichnet man als die ventromediale präfrontale Hirnrinde (siehe Falttafel). Es spielt unter anderem bei Entscheidungsprozessen, bei der Interpretation komplexer sozialer Situationen sowie in Bezug auf die Fähigkeit, sich in andere hineinzuversetzen, eine wichtige Rolle.

Das komplexe Gehirn

Viele der in diesem Buch erläuterten Erkenntnisse beruhen auf Patientenstudien sowie auf Untersuchungen mittels bildgebender Verfahren. Auch wenn sich in solchen Untersuchungen durchaus feststellen lässt, welche Hirnregionen an bestimmten Emotionen oder Verhaltensweisen beteiligt sind, sollte man sich darüber im Klaren sein, dass diese Hirnregionen im für unser Verhalten und unsere Emotionen zuständigen Gesamtmechanismus des Gehirns nur kleine Rädchen sind.

Wir wissen heute, dass die Funktionen des Gehirns im Allgemeinen von mehreren miteinander verbunde-

---

nen und zusammenarbeitenden Arealen übernommen werden, auch wenn einzelne Hirnareale durchaus auf bestimmte Funktionen spezialisiert sein können. Es ist also nicht zutreffend, dass jede Sünde an einer bestimmten Stelle im Gehirn lokalisiert werden kann oder Substanzen wie Neurotransmitter und Hormone immer die gleichen Emotionen oder die gleichen Verhaltensweisen auslösen.

Die Funktionsweise des Gehirns ist viel komplexer. Wir wissen nicht einmal alles über die spezifischen Hirnmechanismen, die an einfachen Verhaltensweisen beteiligt sind – in Bezug auf solch komplexe Verhaltensweisen wie unsere Sünden gibt es also noch eine ganze Menge zu entdecken.

Dieser Teil des Gehirns ist mit Hirnregionen verbunden, die für die Emotionsverarbeitung und die Steuerung des Sozialverhaltens von Bedeutung sind (in der Literatur werden die Begriffe ventromediale präfrontale Hirnrinde und orbitofrontale Hirnrinde oft vermischt und nicht deutlich voneinander abgegrenzt).

Auch heutzutage gibt es Patienten mit Hirnschäden ähnlich denen des Phineas Gage, z.B. nach Operationen von Tumoren im vorderen Bereich des Gehirns. Hanna Damasio und ihr Mann Antonio Damasio haben mehrere dieser modernen Phineas-Gage-Patienten untersucht und aus ihren Studien den Schluss gezogen, dass eine entsprechende Hirnschädigung die Prozesse der Entscheidungsfindung sowie der Emotionsverarbeitung beeinträchtigt. Die Patienten zeigen, analog zu Phineas, häufig ein problematisches Sozialverhalten. Es fällt ihnen schwer zu entscheiden, welches Verhalten für ihr soziales und persönliches Leben langfristig das vorteilhafteste ist. Ursächlich hierfür sind zumeist nicht die intellektuellen Fähigkeiten, denn diese bleiben nach Ansicht der Forscher oft auch nach der Schädigung von Teilen des Gehirns intakt. Das Problem liegt eher in der Balance zwischen Emotion und Ratio.

Wenn wir versuchen, die Erkenntnisse aus den Untersuchungen von Phineas-Gage-Patienten auf unseren Alltag zu übertragen, müssen wir uns womöglich eingestehen, dass nicht nur Patienten mit einer Hirnschädigung unter einer Beeinträchtigung der ventromedialen präfrontalen Hirnrinde leiden, sondern dass diese Hirnregion vielmehr gelegentlich bei uns allen nicht optimal funktioniert. Wie sonst wäre es zu erklären, dass wir zwar einsehen können, warum bestimmte Verhaltensweisen – einen über den Durst zu trinken, zu schnell aus der Haut zu fahren oder sich egoistisch zu verhalten – nicht gut für uns sind, wir sie aber beibehalten? Leiden wir nicht alle hin und wieder an einer Frontallappenstörung? Und wie kommt es dazu? Oder anders formuliert: Warum sündigen wir ständig wider besseren Wissens?

Um diese Frage zu beantworten, scheint es mir, nach diesen einleitenden Worten über unsere Sünden, an der Zeit für die Gretchenfrage: »Was ist Ihre persönliche Hauptsünde? Was bringt sie Ihnen und welchen Preis zahlen Sie dafür? Lassen Sie sich in Ihrem Leben – vorsichtig formuliert – von Ihren Genitalien steuern? Hat das gar schon seinen Tribut gefordert? Gönnen Sie Ihren Mitmenschen kaum die Luft zum Atmen, oder macht erst eine Prise Schadenfreude Ihren Tag perfekt, selbst wenn das Gefühl sie quält, die dadurch entstandene Verwüstung sei nicht besonders konstruktiv für ihr eigenes Leben? Können Sie Essen nicht widerstehen, obwohl Sie dadurch buchstäblich Fett ansetzen und Ihnen dieser kurzfristige Genuss die Aussicht auf ein langes Leben nimmt? Können Sie Ihrer aggressiven Impulse nicht Herr werden, obwohl Ihnen eigentlich klar sein müsste, dass die mentalen und physischen Schläge, die Sie austeilen, Sie selbst ebenso hart treffen wie Ihr Gegenüber? Sind Sie manchmal davon überzeugt, dass Sie besser sind als der Rest der Welt und Ihnen mehr als anderen zusteht, fühlen sich dabei aber vielleicht etwas einsam? Und last but not least, greifen Sie nicht ein, wenn Sie sehen, dass in Ihrem Umfeld etwas schiefläuft? Reden Sie sich stattdessen ein, dass Sie zu viel um die Ohren haben, um sich zu engagieren, und verhalten Sie sich so, als ginge Sie das alles nichts an, auch wenn Ihre Passivität Ihr Selbstwertgefühl untergräbt?

Habsucht, Lust, Neid, Gefräßigkeit, Hochmut, Wut und Trägheit. Egal, welche Sünde Sie begehen und welche Folgen dies nach sich ziehen mag – Sie sind keinesfalls als Einziger davon betroffen, denn die sieben Hauptsünden wirken verführerisch auf uns alle und für alle Zeit. Schon im ersten Jahrhundert nach Christus kursierte anscheinend eine christliche Shortlist der Sünden. Im vierten Jahrhundert nach Christus erstellte der Mönch Evagrius Ponticus eine Liste mit acht Hauptsünden, die sein Schüler Johannes Cassianus in der westlichen Welt verbreitete. Zu Beginn des fünften Jahrhunderts verfasste der spanische Schriftsteller Prudentius ein Gedicht mit dem Titel »Psychomachia« (Der Seelenkampf), in dem er sieben Sünden beschrieb. Und im sechsten nachchristlichen Jahrhundert trug Papst Gregor der Große die klassischen Hauptsünden zusammen, die weitgehend mit der uns bekannten Siebenerreihe übereinstimmen. Diese sieben Sünden spielen auch heute noch eine wichtige Rolle.

Denn unabhängig davon, ob Sie gläubig sind oder nicht, ist die Aktualität der sieben Sünden im Alltag augenscheinlich. Denken Sie in Bezug auf *Hochmut* nur an die protzigen Geländewagen, die im Stadtverkehr in der zweiten Reihe parken, oder an den Gedanken, jemand sei als Ehepartner für das eigene Kind nicht gut genug oder das eigene Viertel sei für Ausländer zu chic. Führen Sie sich in Bezug auf *Habsucht* den Griff in den Prämientopf, die überquellenden Schränke in Ihrer Wohnung oder den Verlust jeglicher Contenance bei der Aufteilung von Erbschaften vor Augen. Stellen Sie sich bei *Neid* den Tratsch über einen bestimmten erfolgreichen Kollegen oder das stereotype Lästern über jede hübsche Frau vor oder den Stich, den es einem versetzt, wenn jemand aus dem eigenen Bekanntenkreis besser dasteht als man selbst. Bei *Wut* treten uns sofort Bilder von Hooligans vor Augen, von Pöbeleien im Nachtleben und von Nachbarn, die sich das Leben durch ihre aggressive Art gegenseitig vergällen. Bei *Lust* brauchen Sie nur an den Missbrauch von Kindern oder Frauen in der Sexindustrie zu denken oder auch nur an Sex als kommerziellen Bestandteil von Werbung, Videoclips und Filmen. Auch *Gefräßigkeit* kann man sich leicht ausmalen: Fastfood, Chipstüten im XXL-Format und Wettkämpfe im Hotdog-Essen sind nur einige Beispiele. Und denken Sie bei *Trägheit* nicht nur an Couch-Potatos, sondern auch an Sprüche wie: »Was geht mich das an?« oder an vollkommenes Desinteresse und Passivität gegenüber Missständen wie der ungerechten Behandlung eines Freundes, der Vereinsamung der eigenen Mutter oder der Verschmutzung der Innenstadt.

Die konkreten individuellen Sünden sind also keine isolierten Phänomene, sondern haben soziale Folgen. Sie bilden den Ausgangspunkt für zahlreiche große Missstände in unserer Welt, wie Krieg und Terrorismus, oder globale Probleme wie die enorme, durch unseren unaufhaltsamen Konsumtrieb verschuldete Umweltverschmutzung, ökonomische Krisen, Menschenhandel oder Sterblichkeit: Auf der einen Seite der Welt sterben Menschen durch Übergewicht, auf der anderen Seite durch Unterernährung. Unsere Sünden spiegeln unsere Einstellung zur Gesellschaft und entwerfen ein Bild der Zukunft dieser Gesellschaft.

Eine eingehende Betrachtung unserer Sünden lohnt nicht nur wegen ihrer unmittelbaren individuellen Bedeutung, sondern auch wegen ihrer Verbindung zur heutigen und zukünftigen Gesellschaft. Was lässt sich aus Sicht der Neuro- und Verhaltenswissenschaften über die persönlichen Verfehlungen sagen und welche sinnvollen Schlussfolgerungen können wir aus diesen Erkenntnissen für unseren Alltag ziehen?

Ich bin mir der unterschiedlichen Antworten auf die Frage nach der wichtigsten Sünde natürlich bewusst. Nichtsdestotrotz werde ich mit der Habsucht beginnen, da die daran beteiligten Netzwerke des Gehirns eine wesentliche Basis der übrigen Sünden sind. Ich bin zudem der Meinung, dass Habsucht den Nährboden für viele andere Sünden bereitet – und ich bin durchaus nicht die Erste, die diese Auffassung vertritt. Schon Apostel Paulus brachte es wunderbar auf den Punkt: Habsucht ist die Wurzel allen Übels. Lassen Sie uns im Anschluss an das erste Dilemma also mit der Habsucht beginnen.

Dilemma:
Meine persönlichen Top Seven

Ich habe Sie bereits gefragt, welche Sünde in Ihrem Leben eine wichtige Rolle spielt. Ist es Hochmut oder Gefräßigkeit? Lust oder Trägheit? Oder vielleicht doch Wut, Neid oder Habsucht? Können Sie (sich selbst) eingestehen, wovon Sie sich mehr, als Ihnen guttut, leiten lassen?

Ich möchte diese allgemeine Frage anhand einer Frageliste konkretisieren, die 2004 in England in Zusammenhang mit einer BBC-Sendung durchgeführten Umfrage basiert:

Welche der sieben Sünden haben Sie irgendwann einmal begangen? Erstellen Sie eine Rangliste entsprechend der Häufigkeit und geben Sie der Sünde, die Sie am häufigsten begangen haben, eine 1, der folgenden eine 2 usw.

HABSUCHT	NEID
HOCHMUT	TRÄGHEIT
WUT	LUST
GEFRÄSSIGKEIT	KEINE

Welche der sieben Sünden haben Sie diesen Monat begangen? Erstellen Sie auch hier eine Rangliste entsprechend der Häufigkeit und geben Sie der Sünde, die Sie am häufigsten begangen haben, eine 1, der folgenden eine 2 usw.

HABSUCHT	NEID
HOCHMUT	TRÄGHEIT
WUT	LUST
GEFRÄSSIGKEIT	KEINE

Welche der sieben Sünden würde Ihnen das größte Vergnügen bereiten? Welche das geringste?

HABSUCHT	NEID
HOCHMUT	TRÄGHEIT
WUT	LUST
GEFRÄSSIGKEIT	KEINE

Welche der sieben Sünden hatte die negativsten Auswirkungen auf Ihr Leben?

HABSUCHT	NEID
HOCHMUT	TRÄGHEIT
WUT	LUST
GEFRÄSSIGKEIT	KEINE

Welche der Sünden hatte die negativsten Auswirkungen auf das Leben anderer?

HABSUCHT	NEID
HOCHMUT	TRÄGHEIT
WUT	LUST
GEFRÄSSIGKEIT	KEINE

Welches Fazit würden Sie anhand der Antworten auf diese Fragen ziehen?

Welchen Verlockungen sind Sie am stärksten verfallen? Welche Sünden hatten negative Folgen für Sie und worin bestanden diese Folgen? Welche Ihrer Sünden haben anderen geschadet und warum? Mithilfe welcher Sünden gelingt Ihnen, was Sie erreichen wollen? Sind Sie Ihren Sünden ausgeliefert oder haben Sie Ihre Sünden im Griff?

Möchten Sie etwas an Ihrem Verhalten ändern? Wenn ja, was? Notieren Sie Ihr Fazit auf Seite 181 unter »Meine persönlichen Top Seven« und lesen Sie danach in Ruhe hier weiter. Im letzten Kapitel komme ich noch einmal auf Ihr Fazit zurück.

HABSUCHT

»Tust du es für Geld oder aus Liebe?«

Sagen Sie mir, was ich falsch mache!

Ich will nicht lange um den heißen Brei herumreden, sondern die Dinge gleich beim Namen nennen. Ich bin eine gut aussehende (sogar unglaublich gut aussehende) junge Frau von fünfundzwanzig Jahren. Ich bin eloquent und elegant.

Ich möchte einen Mann heiraten, der mindestens eine halbe Million Dollar im Jahr verdient. Mir ist sehr wohl bewusst, dass das vermutlich so klingt, als sei ich hinter dem großen Geld her. Aber wenn Sie bedenken, dass die Mittelschicht in New York etwa eine Million im Jahr verdient, ist eine halbe Million wirklich nicht zu viel verlangt.

Tummeln sich auf dieser Website Männer, die mindestens eine halbe Million im Jahr verdienen? Oder besuchen deren Frauen vielleicht diese Website? Könnten Sie mir Tipps geben? Ich hatte einmal eine Beziehung mit einem Geschäftsmann mit einem Jahresgehalt von ungefähr 200 000 bis 250 000 Dollar. Aber 250 000 Dollar sind für ein Leben in Central Park West wirklich zu wenig, die Beziehung hatte also keine Zukunft. Eine Frau, die ich vom Yoga kenne, hat einen Investmentbanker geheiratet und wohnt jetzt in Tribeca. Sie ist längst nicht so attraktiv wie ich und sicherlich auch kein Genie – was also hat sie, was ich nicht habe? Wie kriege ich das, was sie hat?

Ich möchte meine Frage gerne ganz konkret formulieren: Singles, wo seid ihr? In welchen Bars, Restaurants und Fitnessclubs haltet ihr euch auf? Was für eine Partnerin sucht ihr? Sagt es einfach frei heraus, ich bin nicht besonders empfindlich. Welche Altersgruppe soll ich in die engere Wahl ziehen? (Ich bin, wie gesagt, fünfundzwanzig.)

Warum sehen manche Frauen, die sich einen luxuriösen Lebensstil an der Upper Eastside leisten können, so gewöhnlich aus? Ich habe dort echt stinklangweilige Tussis gesehen, die extrem reichen Männern in meinen Augen nichts zu bieten haben. Und in East Village hocken bildhübsche Frauen in Singlebars – kann mir das jemand erklären?

Sollte ich bestimmte Berufsgruppen anpeilen? Natürlich kommen mir zunächst Rechtsanwälte, Investmentbanker und Ärzte in den Sinn. Wie viel verdienen diese Männer eigentlich wirklich? Und wo halten sie sich auf? Wo finde ich sie, diese Hedge-Fonds-Typen?

Und wie treffen sie die Entscheidung, eine Frau zu heiraten und in ihr nicht nur ihre Freundin zu sehen? Ich will HEIRATEN, NICHTS SONST.

Ich mache mich hier angreifbar, also sparen Sie sich Ihre Beleidigungen. Die meisten attraktiven Frauen sind oberflächlich, aber ich bin wenigstens so ehrlich, es zuzugeben. Sie können mir glauben, ich wäre wahrlich nicht auf der Suche nach einem solchen Mann, wenn ich in Bezug auf Aussehen, kulturellen Hintergrund, Bildung und der Fähigkeit, einen Haushalt zu managen, nicht mit ihm mithalten könnte.

Es ist vollkommen zwecklos, auf diese Anzeige mit Dienstleistungs- oder anderen kommerziellen Angeboten zu reagieren.

Chiffre 432 279 810

Als ich der Frage nachging, wie sich Habsucht in unserem Gehirn und in unserem Alltag zeigt, stieß ich im Internet auf diese außergewöhnliche Annonce einer jungen Frau auf der amerikanischen Anzeigenseite Craigslist. Auf ihre Frage, wie sie sich einen reichen Mann angeln könnte, erhielt sie folgende, ebenso geschäftsmäßige, Antwort:

Liebe Frau,
ich habe Ihre Anfrage mit großem Interesse gelesen und gründlich über Ihr Dilemma nachgedacht. Ich möchte Ihnen gerne meine Analyse Ihrer Situation präsentieren.

Lassen Sie mich zunächst versichern, dass ich nicht die Absicht habe, Ihnen Ihre Zeit zu stehlen: Mein Jahresgehalt beläuft sich auf mehr als 500 000 Dollar, sodass ich Ihrem Anforderungsprofil vermutlich entspreche. Nachdem das geklärt ist, will ich Ihnen sagen, wie ich die Sache sehe.

Aus der Perspektive von Männern wie mir ist Ihr Angebot schlichtweg ein ausgesprochen schlechtes Geschäft, und ich werde Ihnen auch sagen warum.

Wenn wir das Getue mal beiseitelassen und das Ganze auf den Punkt bringen, ist das, was Ihnen vorschwebt, ein einfacher Tauschhandel. Sie bringen Ihr Aussehen ein, ich mein Geld. So weit, so gut. Aber genau hier liegt der Hase im Pfeffer, denn Ihre Schönheit verblasst, während sich mein Kapital voraussichtlich noch weiter vermehrt. Wir können es sogar noch weiter zuspitzen: Es ist sehr wahrscheinlich, dass mein Einkommen steigt, und es ist absolut sicher, dass Sie in der gleichen Zeit nicht attraktiver werden.

Aus ökonomischer Sicht sinkt Ihr Wert also ständig, während meiner immer weiter steigt. Aber Ihr Wert vermindert sich nicht nur, der Abwärtstrend beschleunigt sich sogar exponentiell! Lassen Sie mich das erklären: Heute sind Sie fünfundzwanzig. In den nächsten fünf Jahren werden sie wahrschein-

lich auch noch sehr attraktiv sein, aber Ihre Schönheit wird sich doch Jahr für Jahr ein wenig verringern. Danach setzt dann *wirklich der Verfall ein, und wenn Sie fünfunddreißig sind, verdrehen Sie niemandem mehr den Kopf.* Hier an der Wall *Street würden wir Sie als* trading position *und keinesfalls als* buy and hold *einstufen (das bedeutet: gut genug für einen One-Night-Stand, für eine Heirat aber ungeeignet). Aus geschäftlicher Sicht ist es also nicht vernünftig, Sie zu kaufen (und das ist es ja, wozu Sie uns auffordern), ich würde Sie eher leasen. Vielleicht halten Sie mich jetzt für herzlos, aber lassen Sie mich dazu Folgendes sagen: Wenn ich mein Geld verlieren würde, würden Sie sofort das Weite suchen. Daher ist es nur logisch, dass ich mir für den Zeitpunkt, an dem Ihre Schönheit verblasst, auch ein Schlupfloch offenhalte, so einfach ist das. Es scheint mir wirklich logischer, mit einer Frau wie Ihnen auszugehen, als sie zu heiraten.*

Nebenbei bemerkt habe ich schon früh in meiner Karriere begriffen, wie freie Marktwirtschaft funktioniert. Daher frage ich mich, warum es einem Mädchen, das sich selbst als »eloquent, elegant und bildhübsch« beschreibt, immer noch nicht gelungen ist, sich einen Sugardaddy zu angeln. Und warum Sie, wenn Sie wirklich so atemberaubend aussehen, wie Sie behaupten, noch von keinem Mann, der eine halbe Million wert wäre, aufgegabelt worden sind, und sei es nur, um es mal mit Ihnen zu versuchen?

Im Übrigen müssten wir dieses ganze doch etwas unappetitliche Gespräch gar nicht erst führen, wenn Sie einfach einen Weg finden könnten, eigenes Geld zu verdienen. Nachdem das alles gesagt ist, muss ich Ihnen doch zugute halten, dass Sie Ihre Sache richtig angehen. Denn Sie machen sich selbst zu einem klassischen Fall von pump and dump: *Sie versuchen, Ihren Aktienkurs auf geschickte Weise künstlich in die Höhe zu treiben.*

Ich hoffe, dass ich Ihnen behilflich sein konnte. Lassen Sie mich wissen, wenn das Leasing-Angebot für Sie in Betracht kommt.

Chiffre 431 649 184

Wie reagieren Sie spontan, wenn Sie so etwas lesen? Was halten Sie von einer solchen Frau? Oder, etwas weiter gefasst: Was halten Sie überhaupt von der Idee einer Ehe als freiwilligem, geschäftlichem Deal mit dem alleinigen Zweck, mehr Geld zu scheffeln? Für mich spricht aus einem solchen Arrangement eindeutig eine gewisse Habsucht. Denn es beinhaltet doch, dass die Entscheidung, mit einem anderen Menschen sein ganzes Leben zu verbringen, nicht aus Liebe getroffen wird, die man für diesen Menschen empfindet, sondern aus rein materiellen Erwägungen. In dieser Anzeige geht es um Geld, aber natürlich können auch ganz andere materielle Dinge eine Rolle spielen: ein schöner Körper, oder das Sperma beziehungsweise die Gebärmutter, ohne die eine Nachkommenschaft unmöglich ist, oder ein schönes Haus, in dem man gerne wohnen möchte. Leben Sie selbst in einer Partnerschaft? Worin bestanden denn Ihre Motive, diese Partnerschaft einzugehen und aufrechtzuerhalten? Verbindet Sie reine Liebe miteinander oder hat das Ganze auch etwas von einer geschäftlichen Transaktion? Über andere zu urteilen ist leicht, aber wie steht es bei Ihnen persönlich?

Als ich diesen Artikel zum ersten Mal las, fiel mein Urteil über die Frau, die sich zum Erhalt gewisser materieller Dinge darin feilbot, zugegebenermaßen nicht allzu positiv aus. Doch als ich mich dann eingehender mit der Fachliteratur zum Belohnungssystem des Gehirns befasste, wurde mein Schwarz-Weiß-Denken um einige Grautöne bereichert. Denn dort zeigte sich, dass im Gehirn Geld und Liebe mehr oder weniger über einen Leisten geschlagen werden.

Diese Erkenntnis basiert unter anderem auf einer Studie des japanischen Hirnforschers Keise Izuma und seiner Kollegen. Sie boten den Testpersonen im Rahmen wissenschaftlicher Experimente die Möglichkeit, Geld zu verdienen oder Komplimente zu erhalten, und scannten währenddessen die Gehirne der Probanden. Die Bilder zeigten, dass durch eine soziale Belohnung, wie etwa den Erhalt von Komplimenten oder das Urteil »nette Person«, im Gehirn in etwa dieselben Areale aktiviert werden wie durch eine finanzielle Belohnung. Diese aktivierten Areale sind Teil des Belohnungssystems im Gehirn, ihre Stimulation lässt uns Genuss empfinden. Geld und Komplimente werden also im Gehirn von sich überlappenden Arealen verarbeitet und in ein identisches Ergebnis umgesetzt: Genuss. Genuss lässt sich sicherlich nicht bei jedem auf die gleichen Ursachen zurückführen, letztendlich jedoch lässt sich das Gros der Menschen von derselben Sache, nämlich Genuss, leiten, ganz gleich, ob er sich aus dem ergibt, was wir »aus Liebe« oder »für Geld« tun. Warum das Gehirn eines Menschen sensibler auf Liebe und Wertschätzung, das eines anderen jedoch stärker auf Status und Geld reagiert, wissen wir nicht genau. Hier wirken genetische Veranlagung, Erziehung und Umfeld zusammen. Zunächst einmal sollte jedoch Klarheit darüber bestehen, dass diese unterschiedlichen Faktoren einzig und allein durch die Stimulation des Genusssystems in unserem Gehirn zu mächtigen Triebfedern der Beeinflussung unseres Verhaltens und unserer Zukunft werden.

Was löst in unserem Gehirn besonders starke Habsucht aus? Um diese Frage zu beantworten, müssen wir vielleicht noch etwas genauer auf die Sünde der Habsucht eingehen.

Habsucht im Gehirn

Habsüchtig oder nicht?

Lassen Sie uns mit einer harmlosen Frage beginnen und dann die Daumenschrauben etwas fester anziehen. Mich würde interessieren, ob Sie etwas sammeln. Das kann alles Mögliche sein, vielleicht besuchen Sie eifrig Trödelmärkte auf der Jagd nach ausgefallenen Erstausgaben von LPs und Büchern oder versuchen regelmäßig bei Versteigerungen, schöne Gemälde oder antike Möbelstücke zu erstehen. Falls Sie sich in diesen Verhaltensweisen nicht direkt wiedererkennen und bei sich denken: »Ich sammle wirklich nichts«, muss ich meine Frage vielleicht etwas weiter fassen: Nutzen Sie einen Großteil Ihrer Zeit und Energie dazu, Dinge zu erwerben, die für Sie absolut nicht lebensnotwendig sind? Dinge, von denen Sie eigentlich schon mehr als genug besitzen, von denen Sie aber trotzdem noch mehr haben wollen? Dinge, deren Besitz Ihnen – wenn auch nur für kurze Zeit – ein Glücksgefühl vermittelt? Dinge, deren Reiz Sie eigentlich nicht widerstehen können, selbst wenn Sie noch nie auf diese Weise über sie nachgedacht haben?

Dämmert Ihnen nun allmählich, dass sie doch etwas sammeln? Schuhe vielleicht oder elektronischen Schnickschnack? Falls nicht, kann ich Sie vielleicht dazu bewegen, noch etwas abstrakter und über materielle Dinge hinaus zu denken: Möglicherweise gilt Ihre Leidenschaft ja der Schönheit, der Anerkennung oder der Macht.

Es kann natürlich sein, dass Sie auch an diesen Dingen absolut kein Interesse haben. Aber wenn ich mich so umschaue, glaube ich doch, mit einer gewissen Sicherheit behaupten zu können, dass die meisten von uns nach irgendetwas gieren, auch wenn es nicht bei allen um das Gleiche geht. Woher kommt diese verbreitete Sucht nach »Haben-haben-haben« und »Mehr-mehr-mehr«?

Einen Teil der Antwort auf diese Frage kennen wir bereits. Denn im Abschnitt »Tust du es für Geld oder aus Liebe« haben wir gesehen, dass finanzielle Belohnungen die Belohnungsareale im Gehirn ebenso aktivieren wie soziale Belohnungen, etwa Komplimente. Diese Aktivierung des Belohnungsnetzwerks durch materielle und soziale Variablen erklärt, warum wir uns beim Sammeln dieser Dinge so gut fühlen und bestrebt sind, immer mehr davon anzuhäufen. Es erklärt auch, warum das Sammeln sich nicht auf Objekte beschränkt und warum wir auch von der Sucht nach Anerkennung, Schönheit oder Macht getrieben werden können.

Bei der Sucht nach »Haben« spielt sich in unserem Gehirn aber noch mehr ab. Professor Bruno Dubois von der Groupe Hospitalier Pitié-Salpêtrière in Paris beschreibt in einem wissenschaftlichen Artikel den Fall eines Patienten, der mit vierzig Jahren wegen eines Tumors im vorderen Bereich seines Gehirns operiert werden musste. Leider kam es später erneut zu einer Tumorbildung, sodass nach sieben Jahren eine weitere Operation notwendig wurde. Kurze Zeit nach der zweiten Operation zeigte der Patient ein auffälliges Verhalten: Er sammelte begeistert Haushaltsgeräte, sehr gezielt und selektiv. Seine Leidenschaft richtete sich dabei nicht nur auf handliche Stabmixer, sondern vor allem auf Fernsehgeräte, Kühlschränke, Staubsauger und Waschmaschinen. Eine solche Sammlung beansprucht jedoch ziemlich viel Raum, der ihm nicht zur Verfügung stand. Es dauerte daher auch nicht lange, bis ihm seine Sammlung buchstäblich über den Kopf wuchs. Nachdem er in seinem Wohnzimmer unter anderem fünfunddreißig Fernsehgeräte gestapelt und das Schlafzimmer seiner Tochter, die Korridore des Hauses, das Badezimmer und den Keller vollgestopft hatte, nutzte er auch die Lüftungsschächte als Stauraum. Als sei seine Obsession für Haushaltsgeräte nicht schon unerträglich genug, entwickelte er zudem noch eine Sammelleidenschaft für nutzlose, gebrauchte Gegenstände wie Plastiktüten, leere Dosen, Flaschen und Altpapier. Bemerkenswerterweise verhielt er sich, was seine Sammlung betraf, energisch und zielstrebig, ansonsten war er antriebslos. Er saß beispielsweise stundenlang unmotiviert in seinem parkenden Wagen oder stand über längere Zeit am Waschbecken und starrte vor sich hin. Es wurden keine weiteren neurologischen Erkrankungen diagnostiziert; seine Aufmerksamkeit, sein Gedächtnis und seine sonstigen kognitiven Fähigkeiten waren im Allgemeinen gut.

Ein Gehirnscan zeigte eine Schädigung des Gehirns im frontalen (vorderen) Bereich, vor allem die orbito- und polar-präfrontalen Areale waren an beiden Seiten des Gehirns in Mitleidenschaft gezogen. Professor Dubois und seine Kollegen zogen aus den Befunden dieses Patienten den Schluss, dass eine Schädigung dieser vorderen Hirnareale eine besonders habgierige, unbeherrschbare Sammelleidenschaft auslösen kann. Auch andere Forscher wie Steven Anderson sowie Hanna und Antonio Damasio konnten nachweisen, dass vor allem eine Schädigung der rechtsseitigen mesialen frontalen Hirnregionen sowie der Polarregion in der anterioren cingulären Hirnrinde zu einer besessenen Sammelleidenschaft führen kann, die nicht mit einer intellektuellen Beeinträchtigung des Patienten einhergehen muss. Die Forscher vermuten, dass auch der bereits erwähnte Phineas Gage, dessen mesiale frontale Hirnregionen schwer geschädigt worden waren, infolge seiner Verletzung zum Sammler wurde. Anderson und die Damasios gehen davon aus, dass die Funktion bestimmter evolutionär alter Strukturen, die tief im Innern des Gehirns liegen, den Menschen normalerweise zum Sammeln anregen. Sammeln ist evolutionsgeschichtlich betrachtet eine alte Eigenschaft, die lange Zeit sehr nützlich war, weil sie in Zeiten von Knappheit unsere Überlebenschancen erhöhte. Daher ist es nicht weiter verwunderlich, dass bestimmte Hirnstrukturen für das Sammeln zuständig sind. Die Funktionsweise dieser evolutionär alten Hirnregionen wird allerdings von evolutionär jüngeren Gebieten im vorderen Bereich des Gehirns reguliert. Diese neueren Gebiete können den Sammeltrieb unterdrücken, wenn er nicht (mehr) zweckmäßig ist, und sie können erneut zum Sammeln anregen, wenn sich die Zeiten ändern. Werden diese frontalen Bereiche jedoch geschädigt, haben die alten Sammelareale freies Spiel, da sie dann nicht mehr reguliert werden. Die mögliche Konsequenz ist ein unbeherrschbarer Drang nach »Haben-haben-haben« und »Mehr-mehr-mehr«.

Ich habe Ihnen zu Beginn dieses Kapitels die Frage gestellt, ob Sie etwas sammeln. Wenn Sie bei sich in der Tat einen gewissen Hang zum Sammeln festgestellt haben, ist dies möglicherweise der richtige Zeitpunkt für die Frage, ob das Zusammentragen all dieser Dinge, mit einigem Abstand betrachtet, wirklich sinnvoll ist. Trägt ihre Sammlung etwas zu Ihrer Zufriedenheit und Ihrem Glück bei? Besitzen Sie Ihre Sammelobjekte? Oder hat Ihre Sammlung schon von Ihnen Besitz ergriffen? Was müssen Sie alles tun und lassen, um diese Schuhe, diesen Krimskrams, diese Schönheit, diese Macht, diese Anerkennung, dieses Geld, oder was auch immer Ihre Sammelleidenschaft entfacht, zu bekommen? Ist es Ihnen all das wert, oder sollten Sie Ihre Zeit, Ihr Geld und Ihre Energie nicht lieber für etwas anderes verwenden? Und wenn wir uns schon mal diesen harmlosen Selbstbetrachtungen widmen: Sollten Sie sich nicht auch fragen, ob das Wort »sammeln« für die Sucht nach Ihren persönlichen *Must-ha-*

ves wirklich die angemessene Bezeichnung ist? Vielleicht müssen Sie sich ja eingestehen, dass Sie Ihre Sammlung nicht aus eigenem inneren Antrieb erstanden haben, sondern – wenn Sie ehrlich sind – eher aus … Habsucht? Sie müssen nicht befürchten, dass die frontalen Areale Ihres Gehirns geschädigt sind, wenn die Antwort auf diese Frage Ja lautet – darauf will ich nicht hinaus. Sollten Sie allerdings tatsächlich zu der Erkenntnis gelangt sein, dass Sie der Sammelleidenschaft verfallen sind, ist es vielleicht sinnvoll, ihr bewusst Widerstand zu leisten. Denn genau dieser Widerstand regt die frontalen Areale Ihres Gehirns hin und wieder dazu an, etwas intensiver zu arbeiten, wodurch Sie Ihre Sammelleidenschaft etwas besser unter Kontrolle bekommen könnten.

Lassen Sie uns noch ein wenig länger über die Frage nachdenken, ob und in welchem Maße Sie habsüchtig sind. Zu diesem Zweck möchte ich Ihnen erneut ein Dilemma vorlegen, das aus zwei Fragen besteht. Die erste Frage geht auf ein Spiel zurück, das in den Kognitionswissenschaften als »Dictator Game« (Diktatorspiel) bekannt ist.

Stellen Sie sich Folgendes vor: Sie sitzen in der Mittagspause gemütlich in der Sonne und genießen ein Käsebrötchen und ein Glas Milch (oder ein Stück fette Pizza und einen riesigen Becher Cola). Plötzlich kommt eine Frau auf Sie zu. Sie erklärt Ihnen, dass sie mehr Geld besitze, als sie je ausgeben könne, und daher beschlossen habe, jeden Monat einige Menschen überraschend mit einer bestimmten Summe zu beglücken. Diesen Monat hat sie sich für Sie und einen Ihnen unbekannten Mann, der neben Ihnen auf der Bank sitzt, entschieden. Sie sagt, sie gönne Ihnen beiden das Geld, habe es aber eilig und gebe Ihnen daher einen Umschlag, der 10 000 Euro enthalte. Sie sollen diese Summe nun zwischen Ihnen beiden aufteilen, der Mann neben Ihnen habe keinen Einfluss auf die Verteilung. Sie hätten das Geld in Händen und er müsse Ihren Vorschlag akzeptieren. Was tun Sie? Wie viel teilen Sie sich selbst zu und wie viel geben Sie dem unbekannten Mann?

Merken Sie sich Ihre Antwort, denn ich möchte diese später mit Ihrer Antwort auf die folgende Frage vergleichen.

Die zweite Frage geht auf ein Spiel zurück, das in den Kognitionswissenschaften als »Ultimatum Game« (Ultimatum-Spiel) bezeichnet wird. Sie sitzen wieder einmal beim Mittagessen in der Sonne. Erneut tritt die unbekannte Frau mit einer Tasche voller Geld an Sie heran. Diesmal gibt sie Ihnen das Geld jedoch nicht, ohne an dessen Verteilung einige Bedingungen zu knüpfen. Sie erklärt, es läge vollkommen in Ihrer Macht, ein für alle Mal den Schlüssel festzulegen, nach dem das Geld verteilt werden soll. Der Mann neben Ihnen auf der Bank habe jedoch seinerseits ein einmaliges Vetorecht. Sie dürfen also ein einziges Mal vorschlagen, wie die 10000 Euro zwischen Ihnen und dem Mann aufgeteilt werden sollen, der Mann neben Ihnen kann diesen einen Vorschlag akzeptieren oder ablehnen. Lehne er das Angebot ab, gingen Sie beide allerdings leer aus, die freigebige Frau behielte ihr Geld. Akzeptiere er das Angebot, werde das Geld nach dem von Ihnen vorgeschlagenen Schlüssel aufgeteilt.

Was schlagen Sie nun vor? 5000 Euro für jeden? Eine andere Verteilung? Vielleicht versuchen Sie auszuloten, welcher Vorschlag für den Mann gerade noch oder gerade nicht mehr akzeptabel wäre, zum Beispiel 7500 Euro für Sie und 2500 für ihn? Oder vielleicht doch 6000 Euro für Sie und 4000 Euro für ihn? Welche Verteilung würden Sie wählen? Weicht sie von der Verteilung ab, die Sie vorhin vorgeschlagen haben, als es noch keine Zusatzregeln gab und Sie noch die absolute Verfügungsgewalt hatten?

Die meisten Menschen antworten auf die Frage, wie eine Summe üblicherweise zwischen der eigenen und einer anderen Person aufgeteilt werden sollte, wie etwa in dem angesprochenen Fall zwischen Ihnen und dem Mann auf der Bank, dass jeder etwa die Hälfte bekommen solle. Untersuchungen von Manfred Spitzer und seinen Kollegen an der Universität Ulm zeigen jedoch, dass diese Anstandsregel schnell verletzt wird, sobald man selbst die Macht zur Verteilung des Geldes besitzt und mit einer unfairen Verteilung davonzukommen glaubt. Macht macht anscheinend habsüchtig. Daher werden die meisten Menschen in der ersten Version des Dilemmas nicht fair teilen, sondern einen größeren Teil des Geldes für sich beanspruchen. Sobald die Verteilung jedoch Regeln unterworfen ist, die unter Umständen eine spätere Bestrafung nach sich ziehen kann, wie in der zweiten Version des Dilemmas, verhalten sich Menschen plötzlich gerechter und weniger habsüchtig. Man hat schon häufiger nachgewiesen, dass Macht Menschen zu unfairem Verhalten verleitet. Manfred Spitzers Untersuchung aber ist besonders interessant, da die bei den Testpersonen während der Untersuchungen durchgeführten Hirnscans zeigen, dass vorwiegend Areale im vorderen Bereich des Gehirns, in der (prä-)frontalen Hirnrinde und im Nucleus caudatus (einer Hirnregion, die Belohnung und Strafe evaluiert, siehe Falttafel) an diesem Wandel von habsüchtigem zu fairem Verhalten beteiligt waren. Spitzers Studie zeigt auch, dass das Verhalten der Probanden aufgrund von Hirnscans vorhergesagt werden kann. Denn Probanden, in deren Gehirn diese Regionen stärker reagierten, neigten eher dazu, fair zu teilen, wenn eine Strafe drohte, als Probanden mit einer geringeren Aktivität in diesen Regionen. Letztere agierten wesentlich habsüchtiger, selbst wenn Regeln aufgestellt wurden.

Auch wenn wir es vermutlich nicht gerne hören, müssen

wir aus dieser wissenschaftlichen Untersuchung wohl das Fazit ziehen, dass die meisten von uns ein habsüchtiges Gehirn haben. Das Sammeln aller möglichen und unmöglichen Dinge stimuliert unser Belohnungssystem und motiviert uns dazu, weiter zu sammeln. Dieser Sammeltrieb lässt sich mithilfe der vorderen Hirnregion zwar regulieren, wir setzen sie aber offenbar erst ein, wenn wir von Regeln oder drohenden Strafen mehr oder weniger dazu genötigt werden. Wenn wir glauben, für unser Verhalten nicht belangt zu werden, gibt die Habsucht den Ton an. Dieses Fazit scheint zynisch, aber glücklicherweise ist damit das letzte Wort noch nicht gesprochen, denn es gibt noch andere Kräfte im Gehirn, die dabei ein gehöriges Wörtchen mitzureden haben.

Der habsüchtige andere

Soeben lag die Macht in Ihren Händen. Nun lassen Sie uns das Ganze einmal andersherum betrachten. Die freigebige Spenderin kommt also nicht auf Sie, sondern auf den Mann neben Ihnen zu. Er hat nun die Macht, das Geld nach eigenem Ermessen zu verteilen. In Ihrer Macht liegt es dagegen, sein Angebot zu akzeptieren oder abzulehnen. Lehnen Sie es ab, gehen Sie beide leer aus; akzeptieren Sie es, wird die Summe entsprechend des von ihm vorgeschlagenen Schlüssels aufgeteilt. Der Mann erhält 10 000 Euro und schlägt vor, Ihnen 500 Euro zu geben und selbst 9500 Euro zu behalten. Was tun Sie? Kassieren Sie freudig 500 Euro oder lehnen Sie sein freundliches Angebot beleidigt ab?

Es ist anzunehmen, dass Sie bei dieser Aufteilung zumindest ein zwiespältiges Gefühl beschleicht. Einerseits haben Sie die Möglichkeit, ganz einfach an 500 Euro zu kommen, was nicht zu verachten ist. Andererseits nagt das Ganze wahrscheinlich doch irgendwie an Ihnen. Dieses Nagen wird von einem Gefühl der Ungerechtigkeit genährt, denn eine Verteilung von 500 zu 9500 Euro empfindet man als unfair. Man neigt daher dazu, das Angebot abzulehnen. Im Allgemeinen weisen Menschen ein Angebot, das weniger als 20 bis 30 Prozent der Gesamtsumme ausmacht, zurück. Hätte der Mann von der unbekannten Frau 1000 Euro erhalten und Ihnen 500 Euro überlassen, hätten Sie sein Angebot wahrscheinlich glücklich angenommen. 500 Euro können also sowohl Glücksgefühle als auch Verärgerung auslösen, je nachdem, welchen Teil der Gesamtsumme sie ausmachen.

Und diese Gefühle lassen sich auch im Gehirn erkennen. Wenn wir ein faires Angebot erhalten – wenn der Mann neben Ihnen beispielsweise vorschlägt: »5000 Euro für mich und 5000 Euro für dich« –, werden in unserem Gehirn bestimmte Bereiche wie der Nucleus accumbens, die Amygdala und die ventromediale präfrontale/orbifrontale Hirnrinde aktiviert (siehe Falttafel). All diese Hirnregionen gehören zum Belohnungssystem des Gehirns. Es macht dabei keinen Unterschied, ob wir 5, 100 oder 10000 Euro erhalten. Wenn die Summe zwischen den Beteiligten fair verteilt wird, fühlen wir uns belohnt. Ob im Gehirn ein angenehmes Gefühl entsteht, hängt also nicht allein von der Höhe des erhaltenen Betrages ab, sondern auch davon, ob wir fair behandelt werden.

Schlägt man uns jedoch eine von uns als ungerecht empfundene Verteilung vor – beispielsweise die Verteilung von 500 zu 9500 Euro –, werden Areale wie die dorsale anteriore cinguläre Hirnrinde und die anteriore Insula stimuliert, die dem sogenannten Schmerznetzwerk angehören (siehe Falttafel sowie die Begriffsdefinitionen im Glossar). Je unfairer der Vorschlag ist, desto intensiver werden diese Areale arbeiten und desto schlechter werden wir uns fühlen.

Sie können sich natürlich dafür entscheiden, den unfairen Vorschlag abzulehnen. Wenn Sie den Vorschlag des habsüchtigen Mannes nicht akzeptieren, bestrafen Sie ihn. Denn obwohl Ihre eigenen Taschen ebenfalls leer bleiben (womit Sie sich selbst bestrafen), sorgen Sie auch dafür, dass er den Batzen, den er sich selbst zuschustern wollte, nicht bekommt. Wir nennen diese Form des Strafens »gegenseitige Bestrafung« (reciprocal punishment). Eine solche Bestrafung lindert den Schmerz über das unfaire Angebot und den eigenen finanziellen Verlust bei Ablehnung des Angebots. Wenn wir andere wirkungsvoll strafen, wird der Nucleus caudatus, ein Teil des Belohnungssystems im Gehirn, angeregt, was uns nach Ansicht des Wissenschaftlers Dominique de Quervain ein Gefühl der Befriedigung verschafft. Dieser Mechanismus des Gehirns erklärt, warum Vergeltung den Schmerz von Verbrechensopfern lindern kann.

Wer aber akzeptiert ein unfaires Angebot und wer nicht? Wer ist so versessen auf das Geld, dass er seinen Stolz überwindet? Wir wissen, dass die Areale im vorderen Bereich des Gehirns, die jene tiefer im Innern des Gehirns gelegenen Areale regulieren können, auch hier wieder eine maßgebliche Rolle spielen. Golnaz Tabibnia von der University of California in Los Angeles vertritt die Auffassung, dass die unangenehmen Gefühle, die durch die Stimulierung der anterioren Insula (siehe Falttafel) entstehen, wahrscheinlich durch die ventromediale präfrontale Hirnrinde eingedämmt werden können. Dieses Eindämmen der Gefühle erhöht die Bereitschaft, das Angebot aus rationalen Gründen zu akzeptieren. Damit lässt man sich nicht mehr vom emotionalen Schmerz über das unfaire Angebot leiten, sondern kann seinen Stolz überwinden und das Geld annehmen. Eine ähnliche Rolle spielt offenbar auch die dorsale präfrontale Hirnrinde. Dem amerikanischen Forscher Alan Sanfey gelang der

Nachweis, dass Probanden, deren anteriore Insula eine stärkere Aktivität als die dorsolaterale präfrontale Hirnrinde aufwies, einen unfairen Vorschlag eher ablehnten. Beim umgekehrten Aktivitätsmuster, wenn die Aktivität der dorsolateralen präfrontalen Hirnrinde die der anterioren Insula überwog, waren sie eher dazu bereit, einen unfairen Vorschlag zu akzeptieren.

Es klingt vielleicht ein wenig nach Science-Fiction, aber wir können die Funktionsweise der dorsolateralen präfrontalen Hirnrinde auch durch äußere Einwirkung so manipulieren, dass ein Angebot akzeptiert oder abgelehnt wird. Dazu genügt die Ausrichtung einer elektrischen Spule auf das Gehirn oder der Einsatz repetitiver transkranieller Magnetstimulation. Bei dieser Methode wird der Schädel mehrmals hintereinander kurzen Magnetimpulsen ausgesetzt, wodurch im Gehirn ein magnetisches Feld erzeugt wird, welches die Funktion bestimmter Hirnregionen stimulieren oder hemmen kann. Mittels niedrigfrequenter repetitiver transkranieller magnetischer Stimulation (RTMS) störten Daria Knoch und ihre Schweizer Kollegen bei einigen ihren Probanden die Funktion der dorsolateralen präfrontalen Hirnrinde; bei den Probanden der Placebogruppe hingegen ließen sie diese ohne deren Wissen unbeeinträchtigt. Die Untersuchung ergab, dass die Probanden, bei denen die Tätigkeit der rechten dorsolateralen präfrontalen Areale gestört wurde, unfaire Vorschläge eher akzeptierten als die Probanden der Placebogruppe, obwohl sie sich der Unfairness dieser Vorschläge bewusst waren.

Zusammenfassend lässt sich sagen, dass die Stimulation gewisser Regionen wie der anterioren Insula uns dazu bewegt, unfaire Vorschläge abzulehnen. Die Auswirkungen dieser Stimulation lassen sich jedoch durch Hirnregionen wie der dorsolateralen präfrontalen Hirnrinde und der ventromedialen präfrontalen Hirnrinde regulieren. Wie das funktioniert, wissen wir noch nicht genau.

In unserem Gehirn spielt also nicht nur Habsucht eine Rolle, sondern auch ein Gerechtigkeitsgefühl. Wir wollen zumindest selbst fair behandelt werden. Eine faire Umgangsweise stimuliert unser Belohnungssystem, eine unfaire aktiviert unser Schmerznetzwerk. Den aus unfairer Behandlung entstandenen Schmerz können wir lindern, indem wir die Person, die uns unfair behandelt hat, bestrafen – denn diese Bestrafung stimuliert wiederum unser Belohnungssystem. Der Impuls, andere zu bestrafen, ist in evolutionär älteren Hirnregionen verankert, die von Arealen im vorderen Bereich des Gehirns reguliert werden können.

Wenn uns jemand unfair behandelt, möchten wir ihn bestrafen und sein unfaires Verhalten zügeln. So hält unser Wunsch, fair behandelt zu werden, die Neigung anderer, sich habsüchtig zu verhalten, unter Kontrolle. Aber gibt es auch etwas, das unsere eigene Habsucht kontrolliert? Etwas anderes als Regeln und Strafen? Etwas Positives?

Die Aufwärtsspirale

Ja, es gibt so etwas. Das wissen wir aus Experimenten mit dem »Trust Game« (Vertrauensspiel). Im Vertrauensspiel versuchen zwei Personen, gemeinsam Geld zu verdienen. Eine Person spielt den Investor, die andere den Treuhänder. Die Spieler kennen sich nicht und können sich während des Spiels auch nicht sehen. Der Investor erhält zu Beginn des Spiels einen bestimmten Geldbetrag. Er muss sich dann entscheiden, ob er dem Treuhänder einen Teil dieses Geldes überweist oder nicht. Jeder Betrag, den er dem Treuhänder überweist, verdreifacht sich. Der Treuhänder seinerseits muss sich anschließend entscheiden, ob er die ganze Summe, über die er nun allein verfügt, für sich behält oder einen Teil an den Investor zurückzahlt. Der Treuhänder darf tun, was er will. Beide Spieler kennen die Spielregeln und wissen, dass der Treuhänder nur dann Geld verdienen kann, wenn der Investor ihm einen Teil seines Geldes überweist. Unter diesen Umständen finden es die meisten fair, wenn der Treuhänder dem Investor, der ihm anfangs Geld überwiesen hat, einen Teil des verdreifachten Geldes zurückzahlt. Der Investor hat allerdings keine Garantie, von seinem investierten Geld etwas zurückzuerhalten. Er kann einzig auf den Gerechtigkeitssinn des Treuhänders vertrauen, um seine Einnahmen zu steigern. Und da die Spieler sich nicht kennen, besteht keine Veranlassung, dem anderen zu vertrauen. Das Spiel wird in der Regel nur ein einziges Mal gespielt.

Was würden Sie tun, wenn man Ihnen als Investor zu Beginn des Spiels eine Geldsumme aushändigte? Würden Sie das Geld in eine unbekannte Person investieren, oder würden Sie sich dafür entscheiden, es zu behalten? Was würden Sie tun, wenn Ihr Mitspieler das Geld zu Beginn des Spiels erhielte, es in Sie investierte und sich die Summe verdreifachte? Würden Sie Ihren Gewinn mit ihm teilen, oder würden Sie Ihrer Habsucht erliegen und alles für sich behalten?

Bei Spielen wie dem »Trust Game« ist Ihre Entscheidung, zu investieren oder nicht, von Ihren früheren sozialen Erfahrungen geprägt. Wenn Sie investieren und Ihr Partner Sie für diese Investition belohnt, indem er Ihnen Geld zurückzahlt, werden der Nucleus caudatus (ein für das Lernen wichtiger Hirnkern, der Teil des Belohnungssystems ist) und die orbitofrontale Hirnrinde aktiviert (siehe Falttafel). Das Vertrauen Ihres Gegenübers aktiviert Ihren Nucleus caudatus und versetzt Ihr Gehirn damit in eine Art Vertrauenszustand: Sie werden anderen Menschen vertrauen. In den folgenden Spielrunden werden Sie zur Zusammenarbeit bereit sein und das Vertrauen anderer belohnen. Wenn Ihr Partner sich jedoch dafür entscheidet, das Geld, das Sie in ihn investiert haben, selbst zu behalten, wird der Nucleus caudatus *de*aktiviert. Diese Deaktivierung wird bewirken, dass Sie weniger geneigt sind, Geld in andere zu investieren und sie fair zu behandeln. Der Nucleus caudatus ist also für Gegenseitigkeit zuständig. Werden Sie anständig behandelt, sorgt er dafür, dass Sie sich ebenfalls nicht habsüchtig verhalten, was wiederum bewirkt, dass auch Ihr Gegenüber sich nicht habsüchtig verhält. Dieses Verhalten nennen wir gegenseitige Gerechtigkeit (reciprocal fairness). Werden Sie gerecht behandelt, fühlen Sie sich nicht nur gut, weil das Belohnungssystem in Ihrem Gehirn aktiviert wird, Sie sind auch eher dazu bereit, sich einem anderen Menschen gegenüber gerecht zu verhalten, was dieser Person wiederum ein gutes Gefühl verleiht und sie dazu motiviert, einen anderen Menschen gerecht zu behandeln, was diese Person wiederum … usw. usw. Die positive Spirale ist aus der Taufe gehoben.

Die Folgen dieser positiven Spirale gehen sogar über den beschriebenen Eins-zu-eins-Effekt hinaus. Denn Singer und seine Kollegen konnten nachweisen, dass neuronaler Genuss nicht nur durch Zusammenarbeit und gerechte Behandlung hervorgerufen wird, sondern schon der Blick in das Gesicht eines gerechten Menschen das Genusssystem stimuliert. Die Neigung zu Gerechtigkeit scheint dem Gehirn angeboren – und zwar kulturübergreifend. Sie zeigt sich in allen Kulturen, bei Kindern wie bei Erwachsenen, und kommt sogar bei Schimpansen vor. Da fairer Umgang miteinander und Zusammenarbeit die Aktivität in Hirnregionen steigern, die mit Belohnung und Lernen zusammenhängen, folgerte Golnaz Tabibnia, dass Arbeit in einem von Kameradschaft und Gerechtigkeit geprägten Umfeld zu einer intrinsischen Form der Belohnung führt, welche die Arbeitsmotivation langfristig fördert. Dieser Effekt wirkt sich sogar stärker aus als eine extrinsische Belohnung, etwa mittels Geld.

Der Eindruck, ungerecht behandelt zu werden, kann sich im Gehirn allerdings manchmal stärker auswirken als der Eindruck einer gerechten Behandlung. Die negative Vorstellung wiegt dann offenbar schwerer als die positive.

Ich denke, dass wir uns noch nicht recht darüber im Klaren sind, welche Bedeutung eine gerechte oder ungerechte Behandlung für die Motivation unserer Mitarbeiter, Kunden, Familienmitglieder und Schüler hat und welche nachhaltigen Auswirkungen sie auf die Entwicklung eines habsüchtigen oder gerechten Verhaltens haben kann. Wenn wir gerecht handeln, bekämpfen wir die Habsucht und fördern die Gerechtigkeit, nicht nur bei uns persönlich, sondern auch bei anderen.

Habsucht und Glück

Die bisher dargestellten Untersuchungen legen den Schluss nahe, Habsucht sei fest in unserem Gehirn verankert. Das Sammeln materieller Objekte oder immaterieller Schätze stimuliert unser Belohnungssystem, was weiteres Sammeln motiviert und Habsucht entstehen lässt. In unserem Gehirn haben sich jedoch auch andere Kräfte herausgebildet, die eine sinnlose Sammelwut oder Habsucht unter Kontrolle halten können. Diese Kräfte stehen mit Arealen im vorderen Bereich des Gehirns in Verbindung und werden unter anderem aktiv, sobald uns Regeln auferlegt werden. Für Menschen, die sich von diesen Regeln nicht beeindrucken lassen, gibt es eine konkretere Form der Habsuchtskontrolle: die Bestrafung.

Und nach dem Prinzip der gegenseitigen Bestrafung wird einem habsüchtigen Verhalten unzweifelhaft eine Bestrafung folgen: Der Benachteiligte wird ein starkes Interesse daran haben, den Habsüchtigen zu bestrafen. Aber unsere Habsucht wird nicht nur durch Regeln und Strafen im Zaum gehalten: In unserem Gehirn hat sich vielmehr auch eine positivere Form der Kontrolle entwickelt und so wird unser Belohnungssystem auch durch Gerechtigkeitsprinzipien, wie etwa »fair teilen«, stimuliert, die uns motivieren, die entsprechende Handlungsweise zu wiederholen. Ähnlich, wie wir mit Regeln und Strafen Erfahrungen sammeln müssen, so müssen wir auch mit Gerechtigkeit erst einmal in Berührung kommen, um diesen Mechanismus anzukurbeln. Ist er jedoch einmal in Gang gesetzt, löst er aufgrund des Prinzips der gegenseitigen Gerechtigkeit eine Aufwärtsspirale aus, die Habsucht unter Kontrolle hält und Gerechtigkeit fördert.

Die Tatsache, dass Habsucht in unserem Gehirn verankert ist, ist nicht weiter erstaunlich, bildete sie doch von jeher eine wichtige Säule zur Sicherung unseres Überlebens. Aber die Welt hat sich verändert. Wir – der materiell wohlhabende Teil der Weltbevölkerung – befinden uns innerhalb unserer evolutionären Entwicklung erst seit Kurzem in der luxuriösen Lage, das, was wir an Waren und Dienstleistungen konsumieren, auf unsere Grundbedürfnisse abstimmen zu können – und sogar auf weit mehr als nur darauf. Man könnte annehmen, dass diese luxuriöse Lage unsere Habsucht verringert – das ist aber offenbar nicht der Fall. Vielmehr scheint dieser Überfluss unsere Habsucht noch zu beflügeln: Unsere Bedürfnisse sind heutzutage anscheinend nicht mehr zu befriedigen. Wie kommt das? Glauben wir vielleicht, dass wir durch endloses Sammeln und grenzenlosen Konsum ein anderes menschliches Bedürfnis befriedigen könnten? Das Bedürfnis nach Glück?

Der Zusammenhang von Besitz und Glück ist unter dem Begriff »happiness economics« in vielfältiger Weise erforscht worden. Dabei nahm man vor allem jenes Gut in den Blick, das sämtliche Formen von Besitztum symbolisiert: *Geld*. Der amerikanische Wissenschaftler Aaron Ahuvia gilt als Experte im Bereich Geld und Glück. Er konnte nachweisen, dass ein höheres Einkommen bei Menschen, die eine ausreichende Menge Geld zur Befriedigung ihrer eigenen Grundbedürfnisse (sowie der ihrer Familie) verdienen, unter Umständen höchstens zu kurzfristigen Glücksmomenten führt, sich auf ein längerfristiges Glücksgefühl aber überhaupt nicht oder nur in geringem Maße auswirkt. Seiner Ansicht nach macht das Einkommen sogar weniger als fünf Prozent des eigenen Glücks aus. Er untermauert diese These durch Untersuchungsergebnisse, die nachweisen, dass Menschen mit höherem Einkommen mehr Stress haben und nicht mehr Zeit mit angenehmen Tätigkeiten verbringen als Menschen mit niedrigerem Einkommen. Das Verhältnis scheint vielmehr umgekehrt, da Charaktereigenschaften wie eine optimistische Lebenseinstellung zwar zu einem höheren Einkommen, ein höheres Einkommen aber nicht zu mehr Glück führt. Ahuvia zieht folgendes Fazit: »Die Forschung zeigt, dass der Versuch, durch die Steigerung seines Einkommens das persönliche Glück zu steigern, für Menschen, die nicht in Armut leben, dem Versuch gleichkommt, Wasser zum Meer zu tragen.« Er ist also sinnlos.

Das ist natürlich keine neue Erkenntnis. Schon seit Jahrhunderten weisen zahlreiche philosophische und religiöse Lehren darauf hin, dass das Anhäufen materieller Dinge und immaterieller Schätze wie Schönheit und Macht nicht zum wahren Glück führt. Aber passen wir unser Handeln an diese, jetzt sogar wissenschaftlich erwiesene Erkenntnis an? Meiner Meinung nach wird sich unser habsüchtiges Verhalten auch nach Kenntnis des wissenschaftlichen Beweises für die These, dass Geld nicht glücklich macht, nicht schlagartig ändern. Woran liegt das? Welche Kräfte könnten stärker sein als Wissen und Beweise?

Vielleicht müssen wir uns, nachdem wir uns dem Habsucht-Dilemma gewidmet haben, erst dem Neid zuwenden, um über diesen Weg noch mehr Teile dieses Puzzles zusammenzutragen.

Dilemma: chemische Manipulation

Stellen Sie sich vor, Sie könnten ein Mittel kaufen, das andere dazu bringt, Ihnen leichter ihr Geld oder ihren Besitz zu überlassen. Diese Menschen würden Ihnen ihr Hab und Gut abtreten, ohne dass Sie dazu Gewalt oder Überredungskunst anwenden müssten. Sie könnten das Mittelchen einfach und nicht einmal auf unangenehme Weise einsetzen, und schon könnten Ihre habsüchtigen Wünsche befriedigt werden. Was würden Sie tun? Würden Sie das Mittel einsetzen oder nicht?

Die Frage ist durchaus nicht hypothetisch, ein solches Mittel existiert tatsächlich. Es heißt Oxytocin. Oxytocin ist eine Substanz, die im Gehirn produziert wird und unser soziales und emotionales Verhalten beeinflusst. Wenn Sie Oxytocin in Ihre Nase sprühen, gelangt es in Ihr Gehirn und beeinflusst auf diese Weise Ihr Verhalten. Untersuchungen zeigen, dass Oxytocin das zwischenmenschliche Vertrauen stärkt und die natürliche Angst, die man in bestimmten Situationen empfindet, verringert.

Michael Kosfeld und seine Kollegen hielten in ihren Untersuchungen zu dieser Substanz Testpersonen an, das oben beschriebene »Trust Game« (Vertrauensspiel) zu spielen, bei dem ein Investor einem Treuhänder sein Geld in der Hoffnung überlassen kann, einen Teil dieses Geldes von ihm zurückzuerhalten, nachdem es sich durch die Überweisung verdreifacht hat. In Kosfelds Untersuchung sprühte man der Hälfte der teilnehmenden Investoren vor Beginn des Spiels ein wenig Oxytocin in die Nase, der anderen Hälfte verabreichte man ein Placebo, also eine wirkungslose Substanz. Die Investoren selbst wussten nicht, zu welcher Gruppe sie gehörten. Während des Vertrauensspiels zeigte sich, dass die Investoren, die Oxytocin erhalten hatten, viel häufiger Geld an den Treuhänder überwiesen als die Investoren, welche die Placebosubstanz inhaliert hatten.

Der amerikanische Forscher Paul Zak wies in einer anderen Studie nach, dass die Freigebigkeit der Probanden mithilfe von Oxytocin um 80 Prozent erhöht werden konnte. Thomas Baumgartner vom Institute for Empirical Research in Economics der Universität Zürich fügte ergänzend hinzu, dass Probanden unter Einfluss von Oxytocin, im Unterschied zu Teilnehmern, denen kein Oxytocin verabreicht worden war, selbst dann noch investierten, wenn der Treuhänder ihr Vertrauen enttäuscht und ihnen nichts von Ihrer Investition zurückgezahlt hatte.

Es gibt also ein Mittel, ein Nasenspray, das bei richtiger Dosierung über einen kurzen Zeitraum freigebiges Verhalten bewirkt, selbst wenn das Vertrauen zuvor enttäuscht worden ist. Ich wiederhole meine Frage noch einmal: Was würden Sie tun, wenn Sie wüssten, dass Sie ein Mittel kaufen können, das andere dazu bringt, Ihnen leichter ihr Geld oder ihren Besitz zu überlassen? Würden Sie es einsetzen?

NEID

Das Othello-Syndrom

Wir befinden uns in Japan im Jahre 2001. Eine Frau treibt ihren Mann in den Wahnsinn. Das kommt natürlich häufiger vor, aber hier handelt es sich vermutlich um einen besonderen Fall. Sie ist davon überzeugt, dass ihr Mann ein Verhältnis mit einer siebzigjährigen Frau hat, die sie aus dem Golfclub kennt. Es gibt keinen nachvollziehbaren Grund für diesen Verdacht, dennoch ist sie felsenfest davon überzeugt. Mittlerweile beschuldigt sie ihren Mann auch, diese Frau geheiratet und mehr als zehntausend Kinder mit ihr gezeugt zu haben.

Ihr Mann ist zwar regelmäßig geschäftlich unterwegs, aber seine häusliche Abwesenheit ist Teil seines Jobs und kann nicht als Erklärung für die bizarren Vorstellungen seiner Frau herhalten. Daher vermutet er zu Recht, dass mit ihr etwas nicht stimmt, und bringt sie ins Krankenhaus. Dort untersucht man ihr Blut und testet sie auf Demenz, doch die Untersuchungen bringen nichts Ungewöhnliches zutage. Also kehren die beiden unverrichteter Dinge nach Hause zurück.

Doch die bizarren Vorstellungen der Frau werden immer extremer. Schließlich ist sie davon überzeugt, dass die Geliebte ihres Mannes regelmäßig in ihr Haus eindringt, um sie zu bestehlen. Sie denkt sich sogar einen Trick aus, um ihr

Eindringen zu beweisen: Jedes Mal, wenn sie das Haus verlässt, klemmt sie ein Stück Papier zwischen Tür und Türrahmen, damit sie bei ihrer Rückkehr feststellen kann, ob jemand im Haus war.

Neben der Beschäftigung mit Gedanken rund um den Ehebruch scheint sie sich auch immer stärker auf Dinge zu fixieren, die sie nicht wirklich benötigt. Gelegentlich versucht sie sogar, ihren Mann zum Ladendiebstahl anzustiften. Auch ihr Sohn wird Opfer ihrer merkwürdigen Vorstellungen, indem sie ihn regelmäßig ermutigt, möglichst schnell zu heiraten, ihm obszöne Witze erzählt und sich bei ihm über mangelnden Sex mit seinem Vater beklagt. Der Sohn fühlt sich in diesen Gesprächen sehr unwohl und beschließt schließlich, von zu Hause auszuziehen.

Als die Situation unhaltbar wird, nimmt ihr Mann Kontakt zur psychiatrischen Abteilung des Universitätskrankenhauses von Kyoto auf, wo seine Frau ein weiteres Mal untersucht wird. Man kommt zu dem Schluss, dass die Patientin konfabuliert (Menschen, die konfabulieren, schildern Erinnerungen an Ereignisse, die nie stattgefunden haben, als wären sie wirklich geschehen, und glauben selbst daran) und Schwierigkeiten hat, sich zu konzentrieren. Die Frau behauptet zudem, Stimmen zu hören, die ihr verraten, dass sie von ihrem Mann betrogen werde. Sie ist allerdings sehr wohl dazu in der Lage, ihre Lebensgeschichte zu erzählen, und leidet offenbar nicht an Demenz. Die Ärzte stehen vor einem Rätsel. Was ist nur mit dieser Frau los? Ihr Verhalten lässt sich augenscheinlich nicht auf eine gewöhnliche Form von Beziehungseifersucht zurückführen, da sie vor dem Auftreten dieser krankhaft eifersüchtigen Gedanken und Neigungen nie wirklich eifersüchtig gewesen ist. Sie hatte im Laufe ihres Lebens außerdem nie Anzeichen einer psychiatrischen Erkrankung erkennen lassen. Was also war mit ihr los?

Die Antwort auf diese Fragen findet sich in einem Artikel des japanischen Forschers Jin Narumoto und seiner Kollegen. Sie hatten die Frau untersucht und festgestellt, dass sie am Othello-Syndrom litt. Wie der Name schon vermuten lässt, ist das Othello-Syndrom nach der Hauptfigur der gleichnamigen Tragödie von William Shakespeare benannt. *Othello, der Mohr von Venedig* handelt vom schwarzen heldenhaften Feldherrn Othello, der als General im Heer des Dogen von Venedig dient. Othello ist frisch mit Desdemona verheiratet, der wunderschönen Tochter eines reichen venezianischen Kaufmanns. Einer der Soldaten, die unter seinem Befehl stehen, ist Jago. Schon bald zeigt sich, dass er Othello verabscheut, da dieser nicht ihn selbst, sondern Michael Cassio zum Leutnant befördert. Jago empfindet dies als Ungerechtigkeit, da er sich Cassio überlegen fühlt, und ersinnt eine List, um sowohl Othello als auch Cassio ins Verderben zu stürzen: Im Verlauf der Zeit überzeugt er Othello fälschlicherweise davon, dass Desdemona ihn mit Cassio betrügt. Othellos Argwohn nimmt krankhafte Züge an, er wird blind für die wahren Verhältnisse und sieht in allem nur noch Hinweise auf den vermeintlichen Betrug seiner Frau. Jago redet Othello erfolgreich ein, er müsse sowohl Desdemona als auch Cassio töten. Beide schließen einen mörderischen Pakt, bei dem Jago Othello vorschlägt, Desdemona in ihrem Bett zu erwürgen, er selbst werde dann Cassio töten. Auch bei dieser Tat versucht er mit List, einen anderen Mann vor seinen Karren zu spannen, doch sein Plan misslingt und Cassio überlebt den Mordanschlag. Für Desdemona endet die Geschichte leider nicht so gut: Sie wird von Othello erwürgt. Dieser jedoch erkennt schon bald darauf, dass er von Jago getäuscht worden ist – er zieht seinen Dolch, ersticht sich und fällt leblos neben Desdemonas Leiche zu Boden.

Der Grund für die Bezeichnung des Othello-Syndroms ist offensichtlich: Menschen, die an diesem Syndrom leiden, glauben ebenso wie Othello zu unrecht, von ihrem Partner betrogen zu werden. Sowohl Männer als auch Frauen können am Othello-Syndrom leiden, wenngleich es bei Männern häufiger auftritt. In der Regel sind die Betroffenen älter als vierzig Jahre und haben keine psychiatrische Vorgeschichte. Die Betroffenen betrachten harmlose Ereignisse als Hinweise auf einen vermeintlichen Betrug ihres Partners. Sie sind nicht dazu in der Lage, normale Begebenheiten richtig zu interpretieren.

Ungewöhnlich am Fall der Japanerin ist, dass die Wissenschaftler aufgrund ihrer Untersuchungen auf die Schädigung einer bestimmten Hirnregion als Auslöser für das Othello-Syndrom schließen konnten. 1985 entdeckte man bei dieser Frau einen Hirntumor. Um ihn zu entfernen, beseitigten die Neurochirurgen die rechte orbitofrontale Hirnrinde. Schon unmittelbar nach der Operation traten bei der Patientin erste Verhaltensänderungen auf. Sie begann beispielsweise damit, ihren Sohn zu einer baldigen Heirat zu drängen. Nach und nach wurden die Verhaltensänderungen auffälliger, bis sie nach einer Weile anfing, ihren Mann der Untreue zu bezichtigen. Die wahnhafte Eifersucht, die sich bei ihr entwickelte, ließ auf das Othello-Syndrom schließen.

In der wissenschaftlichen Literatur finden sich häufiger Beschreibungen von Patienten, bei denen infolge einer Schädigung des Gehirns ein Othello-Syndrom auftrat. Obgleich man häufig von einer Beteiligung der vorderen Hirnregionen ausgeht, scheint es unterschiedliche neurologische Ursachen für diese Krankheit zu geben. Entsprechende Studien deuten jedenfalls darauf hin, dass Eifersucht im Gehirn tief verwurzelt ist.

Eifersucht, etwa in der Form des Othello-Syndroms, gehört zu den Begriffen, denen wir im Zusammenhang mit den sieben Sünden oft begegnen. Manchmal wird sie auch mit Neid gleichgesetzt. Ist Eifersucht denn dasselbe wie Neid? Um Verwirrungen zu vermeiden, sollten wir uns zunächst in diesem Punkt Klarheit verschaffen.

Neid im Gehirn

Die toxische Neidformel

»Eifersucht« und »Neid« werden oft synonym verwendet, doch jeder dieser Begriffe hat ursprünglich eine andere Bedeutung. Eifersucht wird vor allem von der Befürchtung ausgelöst, etwas, das man als seinen Besitz betrachtet, an andere zu verlieren – zum Beispiel wenn jemand befürchtet, seine Frau an einen Kollegen zu verlieren. Bei Neid geht es hingegen darum, etwas zu begehren, was ein anderer bereits besitzt, etwa eine Beförderung. Doch wahrer Neid hat noch ein weiteres prägnantes Merkmal: Er hat immer etwas Bösartiges an sich. Wenn ich das nicht haben kann, was ich mir so sehr wünsche, gönne ich es auch keinem anderen. Ebenso wie Eifersucht kommt Neid in unterschiedlich starken Ausprägungen vor. Tritt er in seiner stärksten Form auf, ist man sogar dazu bereit, jemandem, auf den man neidisch ist, ernsthaft zu schaden, obwohl man das, was man so inbrünstig begehrt, dadurch immer noch nicht bekommt.

Neid und Eifersucht sind also zwei grundlegend verschiedene Gefühle. Othello bildet ein gutes Beispiel eines eifersüchtigen Mannes. Er betrachtet Desdemona als seinen Besitz und befürchtet, sie an Cassio zu verlieren, an den Mann, dem er kurz zuvor noch eine Beförderung vergönnt hat. Über Jagos Motive, Othello anzustacheln und so die aufkeimende Saat der Eifersucht in dessen Gehirn bis zur vollen Blüte zu treiben, ist viel geschrieben worden. Obwohl Jagos Charakter in dieser Tragödie vielschichtig ist, scheint Neid doch eines seiner Tatmotive zu sein. Er ist neidisch auf Othello, der alles hat, von Macht, Können und Ruhm bis hin zu einer schönen Frau und dazu noch Charisma. Jago ist auch neidisch auf Cassio, den Mann, der befördert wurde, obwohl dies eigentlich ihm zugestanden hätte, und der ihm so eine Karrierechance genommen hat. Die Besitztümer und Fähigkeiten der beiden Männer haben Jagos Selbstwertgefühl tief erschüttert. Doch anstatt sich von ihren Erfolgen inspirieren zu lassen, entscheidet er sich dafür, ihr Glück zu zerstören.

Neid besteht also aus dem Wunsch, etwas zu besitzen, was einem anderen gehört, und ihm das Begehrte nicht zu gönnen, wenn man es selbst nicht besitzen kann. Neid ist etwas anders als Bewunderung oder Begierde. Vielleicht wären wir gerne reicher, dünner, schlauer oder charmanter. Vielleicht bewundern wir Menschen, die über diese Fähigkeiten verfügen. Gehen diese Bewunderung oder dieser Wunsch jedoch nicht mit negativen Gefühlen für den anderen einher, handelt es sich nicht um Neid. Denn Neid hat etwas Gemeines an sich, etwas Hinterlistiges, Neid ist ein Gefühl, das sich niemand gerne eingesteht, und wird daher manchmal als die grimmigste der sieben Sünden charakterisiert. In seiner Abhandlung über Neid schreibt Joseph Epstein, an den anderen sechs Sünden könne man, zumindest wenn man sie einigermaßen im Griff habe, immerhin noch Spaß haben. Neid vermittle jedoch grundsätzlich ein schlechtes Gefühl. Denn er schade nicht nur demjenigen, auf den er sich richtet, sondern auch demjenigen, der ihn empfindet.

Warum das so ist, wird deutlich, wenn wir zum Kern des Neids vordringen. Denn Neid orientiert sich nicht nur an dem, was ein anderer besitzt, sondern erwächst immer auch aus einem sozialen Vergleich zwischen der eigenen Person und einem Gegenüber. Bei Neid geht es daher auch um uns selbst. In welchem Verhältnis stehen unsere eigenen Fähigkeiten und Besitztümer verglichen mit denen anderer? Vor allem mit denen, die wir gerne hätten, weil wir sie bewundern? Wenn wir das Glück, den Sachverstand, die Qualitäten und die Schönheit anderer wahrnehmen, kann uns das plötzlich, mehr oder weniger bewusst, auch unsere eigenen Unzulänglichkeiten und unerfüllten Wünsche schmerzlich vor Augen führen. Mit einem Mal scheinen die eigenen Fähigkeiten und Besitztümer weniger wert zu sein als die der anderen. Wir fühlen uns herabgesetzt.

Aus diesem Grund haben neidische Menschen oft das Gefühl, sie könnten das bei anderen bewunderte Niveau selbst nie erreichen. Und wie können sie die Waagschalen des sozialen Vergleichs dann wieder stärker ins Gleichgewicht bringen? Nun ja, indem sie den anderen herabsetzen.

Wenn sich all diese Ingredienzen – die Bewunderung, das Minderwertigkeitsgefühl, das Gefühl, das beneidete Niveau nie erreichen zu können, und der Wunsch, andere stürzen zu sehen – vermischen, entsteht die toxische Mixtur des Neids.

An dieser Mixtur wird außerdem deutlich, warum man sich Neid nicht so einfach eingesteht. Denn wer gibt schon gerne zu, mit dem, was er hat und kann, nicht zufrieden zu sein? Oder sich anderen gegenüber unterlegen zu fühlen und daran zu zweifeln, ob die eigenen Fähigkeiten ausreichen, sich bis zum gewünschten Niveau zu entwickeln? Einem Niveau, das für andere durchaus erreichbar ist? In solchen Momenten ist es natürlich viel einfacher, sich den etwaigen

Unzulänglichkeiten der Person zuzuwenden, die man beneidet. Warum sollte man mit dem Finger auf sich selbst zeigen, wenn man ihn doch auch auf andere richten kann? Vielen Menschen fällt es sowieso schon schwer, ihre eigenen Emotionen wahrzunehmen. Geht es dann jedoch sogar darum, sich beschämende und gesellschaftlich verpönte Emotionen wie Neid einzugestehen, setzen sie schnell alle erdenklichen Schutzmechanismen in Gang, um sich der Realität nicht stellen zu müssen.

Eine häufig genutzte Fluchtmöglichkeit bietet in solchen Situationen der Gedanke, es läge nicht an einem selbst, dass man vieles, was man bewundert, nicht hat, sondern es sei einfach ungerecht, dass andere es haben. Hat man diesen Fluchtweg erst einmal eingeschlagen, findet man wie von Zauberhand gute Gründe dafür, warum es nicht fair ist, dass ein anderer so viel besser dasteht als man selbst. Man sagt sich: »Sie hatte einfach nur das Glück, zur richtigen Zeit am richtigen Ort zu sein, aber eigentlich ist sie völlig unfähig.« Oder: »An Prestige liegt mir gar nichts. Was sie hat, interessiert mich überhaupt nicht.« Oder: »Mit seinen flotten Sprüchen hat er zwar viel Erfolg, aber glaube mir, er hat weder Grundsätze noch Werte. Er würde über Leichen gehen, um seine Ziele zu erreichen.« Vor allem der Versuch, die Integrität und das Können desjenigen in Zweifel zu ziehen, den man beneidet, um auf diese Weise zu zeigen, dass er all diese wunderschönen Dinge nicht verdient, ist aus wissenschaftlicher Sicht eine klassische Strategie, die Menschen häufig nutzen, wenn sie neidisch sind.

Viele von uns sind für den Gedanken, andere hätten ihr Glück nicht verdient, besonders empfänglich. Laut William Irvine liegt das daran, dass wir oft nicht wirklich einschätzen können, was andere für ihre glückliche Lage oder ihren Erfolg investiert haben. Man weiß in der Regel, wie sehr man sich selbst anstrengt, die Bemühungen anderer jedoch nimmt man meist nicht zur Kenntnis. So entsteht leicht der Eindruck, man selbst habe bestimmte Dinge nur erreicht, weil man darum gekämpft hat, anderen hingegen seien sie einfach in den Schoß gefallen oder sie hätten sie sich unrechtmäßig angeeignet. Beides empfinden wir als ungerecht.

Natürlich gibt es im Leben auch Dinge, die tatsächlich unfair sind. Ungerechtigkeit gibt es überall. Doch bei Neid geht es nicht um Ungerechtigkeit, sondern um Ungleichheit. Und zwar um eine Ungleichheit an Fähigkeiten und Möglichkeiten in einer sozialen Vergleichsperspektive, bei der wir den Kürzeren ziehen. Der andere ist besser und besitzt mehr als wir. Oft dienen unsere Klagen über Ungerechtigkeiten nur als Deckmantel für unsere Neidgefühle. Für Gefühle, die wir irgendwie als soziale Kritik kaschieren wollen, denn solange wir sie in einer geschickten Wendung auf andere projizieren können, müssen wir den Blick nicht auf uns selbst richten. Anfangs sind wir uns vielleicht noch darüber im Klaren, dass der andere sein Glück eigentlich verdient hat und unsere Wahrnehmung nur von Neid getrübt wird. Doch mit der Zeit kann das Ungerechtigkeitsgefühl den Neid so perfekt verschleiern, dass wir letztendlich selbst glauben, bei allem Schönen und Guten, das dem anderen zuteilwird, könne nur Ungerechtigkeit im Spiel sein.

Neid ist also ein Gefühl, das wir weder uns selbst noch anderen gerne eingestehen. Doch auch wenn es noch so schwerfällt, ist es sinnvoll, seine eigenen Neidgefühle unter die Lupe zu nehmen.

Denken Sie zunächst an etwas, das Sie sich wünschen, es kann sich um Fähigkeiten, Eigenschaften, materielle Dinge oder Chancen handeln. Gibt es Menschen, die Sie bewundern, weil sie über diese Fähigkeiten, Eigenschaften, materiellen Dinge oder Chancen verfügen? Denken Sie an die Menschen in Ihrem Umfeld, nicht an so ferne Gestalten wie Richard Branson, Oprah Winfrey, Hugh Jackmann oder Madame Curie. Denken Sie eher an einen Kollegen, einen Freund oder einen Verwandten, der etwas hat, das Sie bewundern und auch gerne hätten. Wenn Sie an diesen, Ihnen nahestehenden Menschen denken, den sie bewundern: Kommen bei Ihnen dann nur positive Gefühle der aufrechten Bewunderung, der Inspiration und des Respekts auf, oder nagt irgendwo auch etwas Negatives an Ihnen? Ein Gefühl, das Ihnen einflüstert: »Warum die und nicht ich?« Würden Sie es, wenn Sie ehrlich sind, wirklich schlimm finden, wenn ein wenig von deren Glück in die Brüche ginge? Natürlich nicht gleich durch einen tödlichen Unfall oder Ähnliches, aber vielleicht durch ein bisschen Pech, so etwas wie eine Kündigung, eine Scheidung oder wenigstens einen Fabrikationsfehler an dem neuen glänzenden Sportwagen, den der andere sich gerade angeschafft hat. Etwas, bei dem Sie ein bisschen Mitleid heucheln könnten. Vielleicht fallen Ihnen auch ein paar Gründe ein, warum Sie das, was der andere hat, eigentlich ebenso, wenn nicht noch mehr verdient hätten? Arbeiten Sie nicht härter? Sind Sie nicht klüger, sozial engagierter? Brauchen Sie es nicht eigentlich nötiger als er? Haben Sie diesen Menschen schon einmal herabgesetzt oder lächerlich gemacht? Nicht unbedingt in seiner Anwesenheit, aber vielleicht unter Kollegen oder gemeinsamen Freunden? Womöglich haben sie auf Fehler von ihm hingewiesen, um dadurch seinen Erfolg zu schmälern. Vielleicht überfällt Sie hin und wieder auch das dringende Bedürfnis, seine Fähigkeiten einer kritischen Analyse zu unterziehen. Würden Sie sich selbst gelegentlich als verbittert bezeichnen? Ärgert es Sie, wenn andere Ihnen eine Nasenlänge voraus sind? Und würde es Sie nicht freuen, wenn jene mit Ihnen gleichauf lägen (oder besser noch: ein paar Schritte hinter Sie zurückfielen)?

Die Häufigkeit, mit der Sie auf diese Fragen mit Ja geantwortet haben, sagt etwas über das Maß an Neid in Ihrem Leben aus. Denn in allen diesen Fragen geht es um Aspekte, die in indirekter Form mit Neid verknüpft sind.

Der Traumjob

Um den Neid noch etwas genauer zu beleuchten, möchte ich Sie nun zu einem Experiment einladen, das der japanische Neurowissenschaftler Hidehiko Takahashi und seine Kollegen durchgeführt haben. Stellen Sie sich folgendes Szenario vor: Sie lesen in der Zeitung eine Stellenanzeige mit Ihrem Traumjob: eine internationale Position, die Ihnen eine interessante Arbeit, nette Kollegen und den Lebensstil, der Ihnen immer schon vorgeschwebt hat, bieten könnte. Sie beschließen, sich zu bewerben, müssen aber schon bald feststellen, dass es noch andere Bewerber gibt. Ihre Chancen stehen dennoch gut. Sie werden zu einem Gespräch eingeladen und müssen sich einigen Tests unterziehen. Sie wissen, dass das Unternehmen sowohl Ihre Testresultate als auch Ihre sozialen Fähigkeiten beurteilen wird, den eigentlichen Ausschlag aber gibt das Vorstellungsgespräch. Wenn Sie ehrlich Bilanz ziehen, müssen Sie sich leider eingestehen, dass das Gespräch aufgrund Ihrer Nervosität nicht optimal verlaufen ist. Außerdem sind auch Ihre Testergebnisse offenbar nicht gerade glänzend ausgefallen. Man gibt Ihnen zu verstehen, Sie seien zwar keineswegs asozial, Ihre sozialen Kompetenzen hervorzuheben ginge aber sicherlich zu weit.

Sie hören, dass es noch drei weitere Bewerber gibt. Person A kennen Sie, sie hat das gleiche Geschlecht wie Sie, hat mit Ihnen zusammen studiert und wohnt ganz in Ihrer Nähe. Sie wissen, dass diese Person gute soziale Kompetenzen und einen großen Freundeskreis hat, allseits beliebt ist und ähnliche Dinge mag wie Sie selbst. Sie hat den Test erfolgreich absolviert und im Vorstellungsgespräch einen ausgezeichneten Eindruck hinterlassen.

Der zweite Kandidat, Person B, ist Ihnen unbekannt. Er hat etwas anderes studiert als Sie, hat das gleiche Geschlecht, wird von anderen als sympathisch eingeschätzt und war sowohl im Test als auch im Gespräch erfolgreich. Was seinen Lebensstil betrifft, hat er wenig mit Ihrem gemeinsam.

Die dritte Person, Person C, hat auch etwas anderes studiert als Sie, hat das gleiche Geschlecht, und ihr Lebensstil unterscheidet sich deutlich von Ihrem. Sie hat sowohl den Test als auch das Vorstellungsgespräch vermasselt.

Es ist schade, aber leider bekommen Sie die Stelle nicht. Auch Kandidat C geht leer aus. Letztlich sind nur noch die Kandidaten A und B im Rennen. Wenn Sie nun zu entscheiden hätten, wer die Stelle bekommen soll, wem würden Sie sie am meisten gönnen: Kandidat A oder Kandidat B? Bei welchem Kandidaten verspüren Sie den stärksten Neid, bei A, B oder C – und bei welchem den geringsten?

Diese Fragen stellte Takahashi seinen Probanden. Er fand dabei heraus, dass wir vor allem auf Personen neidisch sind, mit denen wir uns (aufgrund von Übereinstimmungen in Ausbildung, Wohnort oder Geschlecht) einerseits identifizieren können, die andererseits aber über ein größeres Können und attraktivere Eigenschaften verfügen als wir selbst. Die Chance, dass Sie in Bezug auf Kandidat A den größten Neid empfinden, ist daher groß. Auf Personen, mit denen wir uns nicht so stark identifizieren können, wie etwa Kandidat B, sind wir weniger neidisch, auch wenn sie

über begehrenswerte Fähigkeiten und Eigenschaften verfügen. Personen, die keine dieser beiden Merkmale aufwei-
sen, mit denen wir uns folglich nicht identifizieren und die
nichts besitzen, was wir begehren, beneiden wir überhaupt
nicht. Wahrscheinlich sind wir auf Menschen, mit denen
wir uns stärker identifizieren, neidischer, weil wir uns auf
sozialer Ebene leichter mit jemandem vergleichen können,
der (vermeintlich) Gemeinsamkeiten mit uns hat. Und so
gelangt man schnell zu dem Schluss, dass einem selbst im
Großen und Ganzen eigentlich dasselbe zusteht wie dem
anderen.

Im heutigen Informationszeitalter hat sich nach Auffassung des Evolutionspsychologen John Tooby die Zahl unserer sozialen Vergleichsmöglichkeiten gewaltig erhöht. Früher lebten wir in viel kleineren sozialen Gemeinschaften, in
denen nur wenige Menschen ungefähr auf der gleichen sozialen Stufe standen wie wir selbst. Diese uns nahestehenden
Menschen liefen Gefahr, von uns beneidet zu werden, wenn
sie uns auf irgendeine Weise übertrafen. Heute haben wir
aufgrund der Vielzahl von Informationsmöglichkeiten den
Eindruck, auch alles über Menschen zu wissen, die uns
eigentlich nicht nahestehen, wie etwa Britney, Máxima oder
Barack. Durch all die (richtigen oder falschen) Informationen über sie, mit denen wir ständig überschüttet werden,
kommt es uns so vor, als würden wir sie kennen und vieles –
angefangen von der Schuhgröße, über das Lieblingsessen,
bis hin zur Katzenphobie – mit ihnen gemein haben. Daraus
ergibt sich ein merkwürdiges Phänomen: Wir vergleichen
uns mit diesen uns dadurch »bekannten Menschen« nicht
nur bezüglich der Aspekte, in denen wir ihnen ähnlich zu
sein glauben, sondern auch in den Bereichen, denen sie ihr
Renommee verdanken, sei es ihre Gesangskunst oder ihre
politische Kompetenz. Denn schließlich sind sie wie wir.

Und schon haben wir uns eine neue Gruppe von Menschen geschaffen, auf die wir neidisch sein können – und noch dazu beste Voraussetzungen für grobe Selbstüberschätzung auf vielerlei Gebieten.

Das Gefühl sozialer Nähe kann in Verbindung mit Fähigkeiten und Besitztümern eines Menschen, die uns auch für unser eigenes Leben erstrebenswert erscheinen, also Neid hervorrufen. Takahashis Studie jedoch konnte darüber hinaus aufzeigen, welche Hirnregionen am Neid beteiligt sind. Hirnscans der Probanden, die in diesem Experiment gewissermaßen mit den drei Kandidaten um den Traumjob konkurrierten, ließen erkennen, dass sich die Aktivität in ihrer dorsalen anterioren cingulären Hirnrinde umso stärker erhöhte, je heftiger sie jemanden beneideten. Diese Hirnregion ist an Konfliktgefühlen beteiligt, wie sie beispielsweise auftreten, wenn jemand etwas über uns aussagt, das wir nicht mit unserem Selbstbild vereinbaren können. Zudem ist diese Region Teil des Schmerznetzwerks. Die Wissenschaftler zogen daraus den Schluss, dass Neid auf gewisse Weise »unser Ego ankratzt«, weil wir nicht über jene Dinge verfügen, die uns begehrenswert erscheinen. Dadurch fühlen wir uns minderwertig, und das ist schmerzhaft.

Es gibt allerdings Möglichkeiten, diesen Schmerz zu lindern. Wir können versuchen, den Konflikt aufzulösen, indem wir uns selbst um das bemühen, was wir an anderen beneiden. Auf diese Weise kann ein anfängliches Neidgefühl uns dazu anspornen, härter zu arbeiten oder uns weiterzuentwickeln. Wir können auch versuchen, unsere Einstellung zu dem, was wir sein oder haben wollen, zu verändern und diesen Dingen einen geringeren Wert beizumessen. Doch das Gefühl kann sich auch von seiner bösartigen Seite zeigen. Zum Beispiel, wenn man den Schmerz durch Zerstörung des Besitzes, des Genusses oder des Glücks anderer zu lindern versucht, um den Abstand zur eigenen Situation zu verringern und sich besser zu fühlen. Manchen Menschen verleiht es auch ein gutes Gefühl, wenn sie sehen, dass jemand anderes die beneidete Person zu ruinieren versucht. Dieses Wohlempfinden angesichts des Leids anderer nennen wir Schadenfreude. Es tritt so häufig mit Neid gemeinsam auf, dass es einen eigenen Abschnitt verdient hat.

Schadenfreude

Denken Sie noch einmal an die Geschichten der Kandidaten A, B und C zurück, die sich ebenso wie Sie selbst um den Traumjob beworben haben.

Sie selbst haben die Stelle nicht bekommen und mussten daraufhin beurteilen, auf welchen Kandidaten Sie am neidischsten waren. Die Chance, dass Sie Kandidat A ausgewählt haben, ist groß, weil er Ihnen hinsichtlich seines Hintergrunds und seiner beneidenswerten Charaktereigenschaften am ähnlichsten war.

Stellen Sie sich nun vor, sie gehen zu einem Klassentreffen und hören dort, dass es Kandidat A heute wesentlich schlechter geht, obwohl er damals die Stelle bekommen und später ein erfolgreiches Unternehmen gegründet hat. (Wenn Sie ein Mann sind, stellen Sie sich Männer als Kandidaten vor, sind Sie eine Frau, stellen Sie sich Frauen als Kandidatinnen vor, um eine größtmögliche Ähnlichkeit zu gewährleisten.) Sein Partner hat ihn verlassen. Man munkelt, dass er bzw. sie hoch verschuldet ist und das Unternehmen Konkurs angemeldet hat. Auch Kandidat C geht es schlecht. Er ist arbeitslos und wurde aus seiner Wohnung geworfen. Was erzeugt bei Ihnen ein angenehmeres Gefühl: die Rückschläge von Kandidat A oder von Kandidat C?

Takahashi und seine Kollegen wiesen in ihrer Studie ebenfalls nach, dass Probanden, die auf einen Kandidaten besonders neidisch waren (meistens auf Kandidat A), auch mehr Schadenfreude empfanden, wenn es dieser Person schlechter ging. Hirnscans zeigten, dass bei Schadenfreude vor allem das ventrale Striatum aktiviert wird. Je neidischer ein Proband auf einen Kandidaten war, desto aktiver arbeitete sein ventrales Striatum, sobald es dieser Person schlechter ging. Das ventrale Striatum ist Teil des Belohnungssystems im Gehirn. Die Aktivierung des Striatums ist gewissermaßen eine bittersüße Pille gegen den Schmerz, den wir verspüren, wenn unser Ego angekratzt wird, weil ein anderer mehr hat oder etwas besser kann als wir selbst.

Schadenfreude bewirkt also, dass wir uns besser fühlen. Das erklärt auch, warum wir ihr immer wieder verfallen. Sie kennt viele Facetten. Die Boulevardpresse lebt gut von ihr, sie ist das Erfolgsrezept vieler Fernsehsendungen und bei so manchem Treffen der wichtigste gesellschaftliche Zeitvertreib. Doch auch wenn es uns harmlos erscheint, es uns manchmal guttut, und es vielleicht sogar den sozialen Zusammenhalt unserer Gruppe stärkt, jemanden ins Abseits zu stellen, ist es doch zumindest ein fragwürdiges Unterfangen, anderen für das eigene Amüsement ernsthaften Schaden zuzufügen.

Neid: Was haben wir davon?

In diesem Kapitel geht es um die Entstehung von Neid, wenn sich Bewunderung mit Minderwertigkeits- und Unfähigkeitsgefühlen sowie dem Wunsch, andere scheitern zu sehen, vermischen. Dieses Konglomerat von Gefühlen kann entstehen, wenn wir in einem sozialen Vergleich mit anderen den Kürzeren ziehen. Da Neid das Schmerzsystem in unserem Gehirn aktiviert, ist er mit einem schmerzhaften Gefühl verbunden. Schadenfreude, ein Gefühl, das mit dem Genusssystem verbunden ist, kann diesen Schmerz lindern. Neid und Schadenfreude treten deshalb oft zusammen auf.

Es ist sehr schwer, dem Neid völlig zu entkommen, denn er hat auch eine bestimmte Funktion. Im sozialen Vergleich registrieren wir, was andere besitzen, und bekommen so eine Vorstellung von unserer eigenen Position innerhalb der sozialen Rangordnung. Das ist sehr wichtig, denn die Besten, Reichsten und Schnellsten, diejenigen, die am meisten Macht besitzen oder ganz oben stehen, können aus dem Vollen schöpfen, ob es nun um die begehrenswertesten Partner, die größten Autos oder die schönsten Wohnungen geht. Sie haben die größten Überlebens- und Fortpflanzungschancen. Es kann zwar nicht jeder ein Alphawolf sein, aber man kann zumindest versuchen, in seinem eigenen Bereich an die Spitze zu gelangen. Unsere größten Rivalen sind dabei die Menschen, die uns geografisch und sozial am nächsten stehen. Mit ihnen stehen wir ständig in einem sozialen Vergleich, sodass uns unser Leben häufig wie ein permanenter Wettstreit um den sozialen Status erscheint. Wegen dieser sozialen Konkurrenzsituation scheint nichts von dem, was wir haben oder können, einen eigenständigen, intrinsischen Wert zu besitzen. Denn wir beurteilen alles ausschließlich in Relation zu den Möglichkeiten anderer. Wenn andere in unserer Umgebung etwas besser können oder mehr besitzen, verlieren unsere Fähigkeiten und Möglichkeiten relativ betrachtet an Wert. Genau wie Habsucht entsteht Neid sogar in Situationen, in denen das Begehrte in ausreichendem Maß vorhanden ist und wir selbst nicht zu kurz gekommen sind, in Situationen, in denen unsere Fähigkeiten und unser Besitz uns glücklich machen – bis wir uns mit anderen vergleichen. Die sozialen

Vergleiche, die wir unentwegt anstellen, zeigen leider oft nur allzu deutlich, dass unser Selbstwertgefühl nicht stark genug ist, um mit dem, was wir haben, zufrieden zu sein. Wir fühlen uns plötzlich minderwertig und möchten uns (unbewusst) dieses Gefühls entledigen, indem wir andere schlechtmachen. Das ist zwar sehr menschlich, aber nicht gerade nett.

Nach all diesen Überlegungen ist die Frage nun wohl angebracht: Was haben wir eigentlich von Neid? Den Preis, den wir bezahlen, kennen wir schließlich: Er nimmt uns den Spaß am Leben und drängt uns dazu, unsere Energie destruktiv und obsessiv an andere zu verschwenden. Energie, die wir für wertvollere Dinge, vor allem für unser eigenes Leben, nutzen könnten. Er bewirkt, dass wir verachten, was wir eigentlich bewundernswert fanden, und sorgt dafür, dass wir die Dinge, die wir haben und können, nicht mehr genießen. Er nimmt unserem Leben den Glanz und verbittert uns, weil wir ständig mit der Angst leben, etwas zu verlieren, sobald ein anderer etwas Gutes hat oder bekommt. Neid zieht alles Gute in den Schmutz. Auch uns selbst.

Neid ist heimtückisch. Lassen wir ihn erst einmal die Oberhand gewinnen, sind wir nicht mehr zufriedenzustellen. Und zwar auch dann nicht, wenn wir denjenigen, den wir beneiden, herabgesetzt haben, denn es gibt immer noch andere, die klüger, schneller, schöner, großzügiger oder reicher sind als wir. Menschen, die mehr Freunde, mehr Freiheit und mehr Ideen haben. Selbst wenn wir eine Stufe hinauf- oder andere eine Stufe hinabsteigen, gibt es immer noch andere, die auf der Erfolgsleiter etwas höher stehen. Wenn man sein Leben nicht von Neid beherrschen lassen will, muss man aktiv dagegen angehen. Aber wie?

Gegen Neid anzukämpfen ist gar nicht so einfach. Doch

es zahlt sich aus, ihm schon im Anfangsstadium entgegenzu-
treten. Denn zu Beginn haben Sie noch die Möglichkeit,
weise darauf zu reagieren, bevor Ihr eigenes Ego einen Schaden davonträgt. Schlagen Sie also nicht wie Jago den destruktiven Weg ein, sondern wählen Sie den konstruktiven
Weg. Statt die Kräfte zu nähren, die andere herabsetzen,
können Sie Ihre Kraft auch dafür einsetzen, sie wertzuschät-
zen. Und fangen Sie damit doch am besten bei sich selbst an,
indem Sie sich von anderen inspirieren lassen. Denn wenn
der Stich, den Ihnen der Neid versetzt, Schönheit, Können
und Kreativität in Ihrem Umfeld so vergällt, dass Sie sie
nicht bewundern, ja nicht einmal ertragen können, wird Ihr
Leben ziemlich eintönig verlaufen. Daher sollten Sie Ihr Leben nicht vom destruktiven Gefühl des Neids beherrschen
lassen, sondern dem Neid den Stachel ziehen und Zeit und
Energie in Ihre eigenen Ziele stecken. Sie sollten versuchen,
die mächtigen destruktiven Emotionen als Anregung in ein
konstruktives Gefühl zu verwandeln. Auch wenn es schwerfällt, sollten Sie die Anregung annehmen, sich in die von Ihnen gewünschte Richtung zu entwickeln. Sie sollten sich
nicht minderwertig fühlen – ein Gefühl, das immer im Zentrum des Neids steht, auch wenn wir uns das nicht gern eingestehen –, sondern sich *zu Recht* stolz fühlen. Halten Sie
diesen Gedanken kurz fest. Denn auch wenn er wider-
sprüchlich erscheint, bietet er doch die perfekte Gelegen-
heit, nach dem folgenden Dilemma zu unserer nächsten
Sünde überzugehen: dem Hochmut, der sündhaften Form
des Stolzes.

Dilemma: Härter oder weicher werden?

»In der heutigen Welt geht es hart zu«, sagt man, und diese Aussage gilt für viele Menschen an vielen Fronten leider noch immer. Aber sind Sie ernsthaft der Meinung, dass diese Aussage auch auf unsere Gesellschaft zutrifft? Haben Sie irgendwie das Gefühl, dass auch im modernen Dschungel noch das Recht des Stärkeren gilt, dass Sie nur dann einigermaßen erfolgreich über die Runden kommen, wenn Sie nicht *zu* sensibel sind, nicht *zu viel* Rücksicht auf andere nehmen und ein gewisses Maß an aggressivem Wettkampf nicht scheuen? Wenn Sie die Sache so betrachten, kommen Ihnen Neid und Schadenfreude womöglich gerade recht. Denn wenn Sie den Wettkampf, in den Sie verstrickt sind, wegen Ihrer fehlenden Qualität schon nicht mit fairen Mitteln gewinnen können, erscheint es Ihnen vielleicht doch opportun, denjenigen, der besser ist als Sie, herabzusetzen, damit Sie selbst wieder etwas besser dastehen. Sind Neid und Schadenfreude, mit diesem Gedanken im Hinterkopf, denn wirklich so verwerflich? Die aggressiven, von Neid und Missgunst angeheizten Methoden des Wettkampfs werden doch überall erfolgreich eingesetzt, ob es sich nun um Fußball oder Wissenschaft, um Liebe, Politik oder Krieg handelt. Dabei stellt sich mir die Frage, ob es nicht vernünftig wäre, unsere Kinder ein wenig in diesen Methoden zu trainieren, damit sie in unserer Gesellschaft später nicht allzu schnell den Kürzeren ziehen.

Machen wir sie heutzutage nicht zu verletzlich, wenn wir ihnen beibringen, *nicht* neidisch zu sein, wenn ein anderer ihnen ein Stück voraus ist? Ist es in der heutigen Gesellschaft denn so vernünftig, sie einfühlsam und empathisch zu erziehen, sodass sie Mitgefühl zeigen, wenn es je-

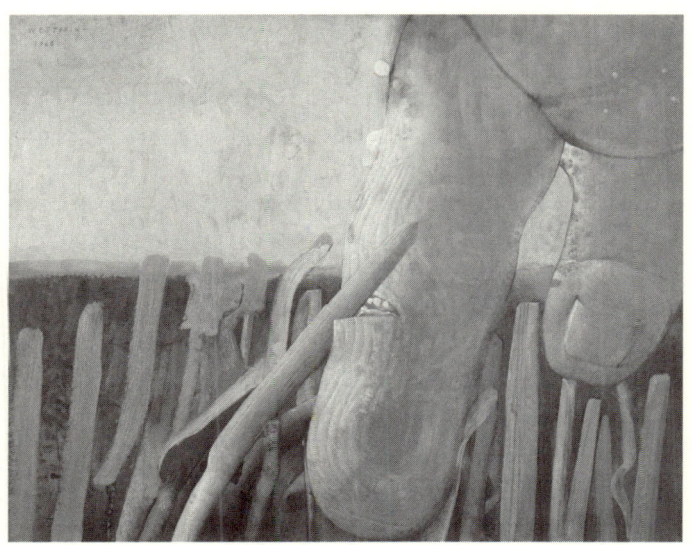

Co Westerik, Snijden aan het gras
(Schnitt am Grashalm)

mandem schlecht geht, und sich für andere freuen, wenn es ihnen gut geht?

Lassen Sie uns dieses Dilemma noch ein wenig zuspitzen. Betrachten Sie Co Westeriks Bild und sagen Sie mir, was Sie dabei empfinden.

Wahrscheinlich sind Sie zumindest unangenehm berührt. Vielleicht verspüren Sie auch eine leichte Aversion und schauen lieber nicht hin, weil Sie das scheußliche Gefühl der abgebildeten Situation fast körperlich spüren. In gewissem Sinne ist das auch tatsächlich der Fall. Denn unser Gehirn hat sich so entwickelt, dass es fühlen kann, was ein anderer fühlt; es ist im wahrsten Sinne des Wortes empathiefähig. Wenn wir jemanden sehen, der Schmerz empfindet, aktiviert das Gehirn die gleichen Regionen, die auch bei eigenen Schmerzempfindungen aktiv werden, zum Beispiel Hirnregionen wie die Insula und die anteriore cinguläre Hirnrinde. Diese Regionen sind Teil des Schmerzkreislaufs im Gehirn. Sobald wir jemanden sehen, der Schmerzen erleidet, simuliert unser Gehirn also eigenen Schmerz und versetzt uns damit in die Lage, mit anderen mitzufühlen.

Wir wissen auch, dass dieser neuronale empathische Mechanismus auf unterschiedliche Weise manipuliert werden kann. Tania Singer wies beispielsweise in einer Studie nach, dass das Schmerznetzwerk von Männern und Frauen weniger aktiv ist, wenn sie denjenigen, den sie Schmerzen leiden sehen, nicht mögen, und dass die Aktivität ansteigt, wenn der Mensch, dessen Schmerzen sie beobachten, ihnen sympathisch ist. Männer empfinden sogar so etwas wie Freude, wenn sie sehen, wie jemand, den sie weniger mögen, Schmerzen erleidet. Wenn ich Ihnen also mitteilen würde, dass die Person, die sich auf dem Bild in den Finger schneidet, gerade Ihr Haus ausgeraubt und sich bei ihrer hastigen Flucht geschnitten hat, würden sich Ihre emphatischen Gefühle beim nächsten Blick auf das Bild wahrscheinlich drastisch reduzieren.

Wir wissen mittlerweile, dass unser Gehirn nicht nur beim Anblick von Schmerz die Gefühle anderer simuliert, sondern auch wenn wir sehen, wie jemand berührt wird, etwas Unappetitliches oder Köstliches isst, Anzeichen von Ekel zeigt, traurig ist oder sich charakterlich vorbildlich verhält. Empathie entsteht also, wenn wir die körperlichen und psychologischen Erlebnisse eines anderen wahrnehmen. Die wichtigsten Empathiebereiche des Gehirns sind die anteriore Insula, die (dorsale) anteriore cinguläre Hirnrinde, die orbitofrontale/ventromediale präfrontale Hirnrinde und Teile der parietalen Hirnrinde. Beim Betrachten entsprechender

Aufnahmen des Schmerz- und Belohnungssystems im Gehirn fällt auf, dass Empathie Areale beider Systeme in Anspruch nimmt – sie kann also sowohl ein gutes als auch ein schlechtes Gefühl vermitteln.

Auch wenn es dazu noch keine speziellen Studien gibt, hat es doch den Anschein, als reagiere unser Empathienetzwerk auch auf den Anblick glücklicher Menschen. Sollte dies der Fall sein, könnte die Entwicklung dieses neuronalen Netzwerks dem Neid entgegenwirken. Denn dann würden wir beim Anblick des Glücks anderer nicht Neid, sondern gleichfalls Glück empfinden und uns zu Recht mit ihnen freuen. Eine Entwicklung des Empathienetzwerks könnte auch dem Gefühl der Schadenfreude entgegentreten. Wenn anderen ein Unglück widerfährt, würde uns das dank des neuronalen Empathienetzwerks ebenfalls schmerzlich berühren. Außerdem spielt Empathie auch bei Gefühlen wie Sympathie und Mitgefühl eine große Rolle, die in Bezug auf freundliches und soziales Verhalten von Bedeutung sind. Auch hier könnte die Entwicklung des Empathienetzwerks also hilfreich sein.

Stellen Sie sich nun einmal vor, wir könnten unsere Empathiefähigkeit sowohl in Bezug auf Glück als auch auf Schmerz weiterentwickeln. Die Entwicklung dieser Hirnnetzwerke könnte sowohl dem Neid als auch der Schadenfreude entgegenwirken und damit aggressiven Wettkampfmethoden wie Anschwärzen, üble Nachrede und gemeine Hinterhalte ein für alle Mal den Garaus machen. Sie könnte dazu beitragen, dass wir nicht immer härter, sondern weichherziger werden und die Welt damit zu einem angenehmeren Ort machen.

Doch lassen Sie uns nun zu der Frage zurückkehren, wie wir unsere Kinder am besten erziehen. Wenn Sie von Kursen zur Förderung dieser empathischen Fähigkeiten im Gehirn wüssten, würden Sie Ihre Kinder dort anmelden? Oder würden Sie lieber in einen Kurs investieren, der sie in harten Wettbewerbstechniken unterrichtet? Was finden Sie sinnvoller: Dass Ihre Kinder härter oder dass sie weicher werden? Und was gibt bei Ihrer Antwort zu diesem Dilemma den Ausschlag, das Verhalten der Menschen in Ihrem Umfeld oder Ihre Vorstellung von einer besseren Welt? Das Wissen darum, das Empathienetzwerk entwickeln zu können, eröffnet uns zumindest neue Möglichkeiten.

STOLZ

Der Mann mit dem gestörten Selbstbild

In der wissenschaftlichen Zeitschrift *Brain* schilderte Brian Levine 1998 den unglaublichen Fall des M. L., eines Mannes, der im Juni 1993 beim Radfahren von einem Auto angefahren worden war. Der Unfall hatte verheerende Folgen, M. L. fiel ins Koma und die computertomografischen Aufnahmen zeigten schwere Schädigungen seines Gehirns. Wie erwartet stellten sich Probleme ein, als er nach sechs Tagen aus der Bewusstlosigkeit erwachte. Als sich die anfänglich wirren und fahrigen Reaktionen legten, wurden die schwerwiegenden Gedächtnisstörungen deutlich. Auch wenn sich diese mit der Zeit verringerten, fehlte M. L. die Erinnerung an den ersten Monat nach seinem Unfall. Auch die Erinnerungen an sein Leben vor dem Unfall waren auffallend schwach, er erkannte seine Freunde und einige seiner Verwandten nicht wieder. M. L. war seit 1987 verheiratet und hatte eine zum Zeitpunkt des Unfalls zweijährige Tochter, seine Frau war mit dem zweiten Kind schwanger. M. L. aber konnte sich an einen Großteil seiner Lebensgeschichte nicht mehr erinnern.

Vor dem Unfall hatte er sich immer bester Gesundheit erfreut. Er hatte technische Geräte verkauft und war nach Aussage seines Arbeitgebers einer der erfolgreichsten Vertreter des Unternehmens. Er war zahlreichen Hobbys nachgegangen und hatte regelmäßig Sport getrieben: Er war gern gejoggt und Rad gefahren. Lernen war ihm, wie so vieles in seinem Leben, immer leichtgefallen.

Doch nun war alles anders. Obwohl M. L. während seiner Rehabilitation in vielerlei Hinsicht Fortschritte machte, hielten sich die Schwierigkeiten, sich an seine Vergangenheit zu erinnern, erstaunlich hartnäckig. Durch ständiges Training gelang es ihm allmählich immer besser, sich wichtige Ereignisse aus seiner Vergangenheit zu vergegenwärtigen und einzuprägen. Aber diese Erinnerungen kamen ihm eher wie Fakten aus einem Geschichtsbuch und weniger wie Ereignisse seines eigenen Lebens vor. Er hatte – außer bei einigen wenigen Ereignissen – nicht wirklich das Gefühl, dass ihm all diese Dinge tatsächlich passiert waren und zu seiner eigenen Lebensgeschichte gehörten. Selbst an das, was er nach seinem Unfall getan hatte, konnte er sich nicht lebhaft erinnern. Auch wenn er sich einiges wieder ins Gedächtnis rufen konnte, verspürte er doch immer eine Art von Distanz zu den Geschehnissen in seinem Leben.

Neben seinem Gedächtnis war auch sein Urteilsvermögen stark beeinträchtigt. Dies zeigte sich, als er sich nach seiner Rückkehr nach Hause um seine Kinder kümmern sollte. Er erkannte die Gefahr in bestimmten Situationen nicht und konnte die Vaterrolle nicht ohne Unterstützung ausfüllen. Mithilfe strukturierter Routinen und dem Rückhalt seiner Frau gelang es ihm mit der Zeit etwas besser, doch sein Verantwortungsbewusstsein reichte nicht mehr so weit wie vor dem Unfall, was ihn sowohl privat als auch beruflich stark behinderte.

Weitere Beeinträchtigungen ergaben sich aus seinem Sozialverhalten. Er wusste nicht richtig, wie er sich gegenüber seiner Familie und seinen Freunden verhalten sollte, und

musste sozial akzeptables Verhalten buchstäblich neu erlernen. Seine Persönlichkeit stand in scharfem Kontrast zu der
sozialen Person, die er vor dem Unfall gewesen war. Dieser
Kontrast bildete sich umso deutlicher heraus, als ein Großteil seiner intellektuellen Fähigkeiten mehr oder weniger intakt geblieben war. Neue Informationen konnte er gut aufnehmen und speichern, doch er verspürte dabei kein Gefühl
der persönlichen Beteiligung und konnte sie nicht zu Erinnerungen an seine Vergangenheit in Beziehung setzen.

Hirnscans zeigten infolge des Unfalls neben einigen ge-
ringfügigen auch schwerwiegende Schädigungen, vor allem
der rechten ventralen präfrontalen Hirnrinde und der weißen Substanz des Gehirns. Hier war insbesondere der Fasciculus uncinatus betroffen, ein kompaktes Nervenfaserbün-
del innerhalb der weißen Substanz, das die frontale Hirnrinde
mit dem vorderen Teil des Temporallappens verbindet – ein
Bereich, der bei der Erinnerung an persönliche Erlebnisse
eine Rolle spielt. Die Wissenschaftler diagnostizierten die
genannten Schädigungen als ursächlich für M. L.s fehlende
Erinnerungen an seine eigene Vergangenheit. Andere Untersuchungen bestätigten, dass eine Schädigung dieser Regionen das autobiografische Gedächtnis, welches eigene Erlebnisse speichert, beeinträchtigen kann. M. L.s autonoetisches
Bewusstsein war in Mitleidenschaft gezogen – so bezeichnet
man im Allgemeinen die subjektive Wahrnehmung von Er-
lebnissen, die man im Laufe der Zeit erfahren hat, sowie
deren Koppelung an die eigene Person. Zur Wahrnehmung
dieses Bewusstseins brauchen wir nur an persönliche Erlebnisse zurückzudenken, z.B. an den Sieg bei einem sport-
lichen Wettkampf, das Scheitern in einem Examen, einen
Streit mit unserem Partner oder eine berufliche Beförderung. Beim Gedanken daran erinnern wir uns normalerweise nicht nur an die nüchternen Fakten, das Datum des

Geschehens und die involvierten Personen, sondern haben auch das Gefühl, selbst an diesem Ereignis beteiligt gewesen zu sein. Wir erleben es subjektiv von Neuem. Es gehört zu uns und weckt in uns vielleicht auch mancherlei Gefühle wie Stolz oder Scham. Auf jeden Fall sagt es etwas über uns aus.

Wir brauchen das autonoetische Bewusstsein für unsere gedankliche Reise durch die Vergangenheit, aber auch, um Pläne für die Zukunft zu schmieden. Denn es ermöglicht uns die Wahrnehmung der Höhen und Tiefen der Vergangenheit als etwas selbst Erlebtes und die Vorstellung zukünftiger Missgeschicke und Triumphe als eigene Erlebnisse. Wenn wir uns Dinge, die wir in der Vergangenheit getan haben oder zukünftig tun werden, vor Augen führen, bilden wir uns eine Meinung darüber. Wir bedenken neben dem eigenen auch den Standpunkt anderer und können diese reflektieren, wodurch wir ein Bild von uns selbst entstehen lassen. Mancher denkt beispielsweise, er sei ein guter Vater oder ein ausdauernder Arbeiter, ein grüblerischer oder aggressiver Typ. Wenn dieses Selbstbild positiv ausfällt, kann ein besonderes, menschliches Gefühl entstehen: das Gefühl von Stolz.

Stolz im Gehirn

Die zwei Gesichter des Stolzes

M. L.s Fall macht deutlich, dass sich unser Bild von uns selbst aus dem Zusammenspiel verschiedener Hirnregionen ergibt. Nicht wenige sind der Meinung, dieses Selbstbild sei die Quelle einer der sieben Sünden – der Sünde des Hochmuts. Da man sich seiner selbst und seines Verhaltens bewusst sein muss, um sich stolz zu fühlen, wird Stolz in der Wissenschaft auch als »selbstbewusste Emotion« bezeichnet. Bei anderen Emotionen, wie Wut oder Angst, ist dieses Selbstbewusstsein nicht unbedingt erforderlich. Auch mit dem Stolz konnotierte Begriffe verdeutlichen, dass er etwas mit unserem Selbstbild zu tun haben muss. Stolz wird unter anderem als »Selbstgefälligkeit«, »Selbstzufriedenheit«, »Eigendünkel«, »Selbstherrlichkeit« und als »übertriebene Selbstachtung« umschrieben. Natürlich kann man auch auf etwas oder jemand anderen stolz sein, aber auch in diesem Fall dreht es sich immer um Dinge oder Menschen, die man zu seinem eigenen Selbstbild in Beziehung setzt. Man kann beispielsweise stolz sein auf seine Kinder, seinen Partner, sein Land, sein Haus oder seinen Hund.

Die Umschreibungen von Stolz zeigen deutlich seine zwei Gesichter, er birgt sowohl etwas Sündhaftes als auch etwas Tugendhaftes in sich. Wir wollen zunächst einen Blick auf die tugendhafte Seite des Stolzes werfen und anschließend betrachten, wie Stolz zur Sünde entartet. Tugendhafter Stolz ist mit einer Wertschätzung der eigenen Person verbunden: mit Selbstwertgefühl, Würde, Selbstachtung und Zufriedenheit. Bei dieser Form von Stolz geht es um Gefühle des inneren Wohlbefindens, die zwar zum Teil auf sozialer Wertschätzung, vor allem aber auf dem basieren, was man tatsächlich erreicht oder wofür man sich eingesetzt hat. Sie ist häufig an Werte wie Intelligenz, Beharrlichkeit und Hilfsbereitschaft gekoppelt, die innerhalb einer Gruppe positiv beurteilt werden. In der Forschung ist man zu der Auffassung gelangt, Stolz sei entstanden, damit wir uns für das Wohlergehen anderer einsetzen und uns in unserem Handeln an Bedürfnissen der Gruppe orientieren. Diese Art des Verhaltens nennt man prosoziales Verhalten. Stolz fördert also prosoziales Verhalten.

Außerdem spornt Stolz uns dazu an, Ziele zu erreichen, die nicht in unmittelbarer Reichweite liegen, die jedoch den Status der Gruppe erhöhen, etwa eine Goldmedaille bei den Olympischen Spielen, einen Studienabschluss oder die Versorgung der Familie. Weil Stolz uns ein gutes Gefühl verleiht, motiviert er uns, durchzuhalten und schließlich unser Ziel zu erreichen. Auf diese Weise hat Stolz im Allgemeinen positive Konsequenzen. Er sorgt dafür, dass wir uns weiterentwickeln, das Beste aus uns herausholen, in schwierigen Phasen durchhalten und außerdem andere stimulieren, ihnen helfen und im Falle von Fehlern Mitgefühl zeigen.

Wir erhöhen also den Status der Gruppe, indem wir anerkannte Fähigkeiten entwickeln oder uns für bestimmte Ziele einsetzen. Dazu trägt auch der für andere wahrnehmbare, universale körperliche Ausdruck von Stolz bei: Ein hoch erhobener Kopf und ein durchgestreckter Rücken unterstreichen, dass man erfolgreich war, und fordern gebührenden Respekt von anderen ein. Diese positive Form des Stolzes wird im Allgemeinen nicht als Sünde angesehen.

Entartet Stolz allerdings zu einer übertriebenen Wertschätzung der eigenen Person, schlägt er in Hochmut, Selbstgefälligkeit, Eitelkeit und Arroganz um. Diese Form des Stolzes ist, gelinde gesagt, unerfreulich. Nicht nur für die Menschen des eigenen Umfelds, sondern auch für den Betroffenen selbst. Denn diese Form des Stolzes geht, anders als seine positive Form, mit Einsamkeit, Unverständnis und sozialen Schwierigkeiten einher. Ähnlich wie bei Neid geht es bei Stolz im Grunde um eine Art sozialen Vergleich. Während bei Neid der Vergleich zum eigenen Nachteil ausfällt und daher negative Gefühle weckt, fällt er beim Stolz zum eigenen Vorteil aus und ruft entsprechend positive Gefühle hervor. Tugendhafter Stolz beruht auf einem Vergleich, der auch nach Meinung der Menschen aus dem eigenen Umfeld in der Tat vorteilhaft ausfällt. Im Falle von Hochmut hingegen ist nur der Hochmütige selbst der Auffassung, im Vergleich gut abzuschneiden, wobei er nicht selten auf andere herabblickt.

Hochmütige Menschen sind von sich selbst so eingenommen, dass sie aufhören, sich sozial zu verhalten. Darin liegt auch der gravierende Unterschied zwischen der tugendhaften, zu sozialem Verhalten motivierenden Form von Stolz und der hochmütigen, asoziales Verhalten fördernden Variante. Hochmütigen Menschen geht es allein um sie selbst. Sie meinen, ihre Überlegenheit in bestimmten Bereichen ziehe mehr Rechte nach sich. Sie nehmen sich sogar das Recht heraus, ihre privilegierte Stellung auf vielerlei Arten, auch auf Kosten anderer, zu verteidigen. Sie erwarten, dass ihre Mitmenschen ihnen immer zum Geburtstag gratulieren, auch wenn sie selbst nie eine Karte schicken – wer könnte sie schon vergessen? Sie dürfen mit ihrem Auto die Straße blockieren, da ihre Zeit kostbarer ist als die des Fahrers hinter ihnen. Und ihnen steht selbstverständlich mehr Redezeit zu, da sie nun einmal klüger sind als das gewöhnliche Volk.

Jessica Tracey und Richard Robbins vertreten die Ansicht, dass Hochmut evolutionär entstanden ist, um den Status des Hochmütigen kurzfristig zu erhöhen. Das hochmütige Verhalten wird von anderen zunächst mit der tugendhaften Form des Stolzes verwechselt, man glaubt, dass der andere wirklich etwas Gutes getan hat, und gesteht ihm daher einen gewissen Status zu. Doch dieser Eindruck ist meist nur von kurzer Dauer, irgendwann wird das Verhalten durchschaut und die Wertschätzung schwindet.

Das Problem hochmütiger Menschen besteht darin, dass sie sich selbst natürlich nicht hochmütig finden. Sie erkennen oft nicht einmal, dass ihre Angeberei und ihre Geringschätzung es anderen unmöglich machen, ein normales Gespräch mit ihnen zu führen oder ihnen freundlich zu begegnen, und fühlen sich stattdessen verkannt und nicht angemessen gewürdigt. Durch ihr hochmütiges Verhalten verscherzen sie es sich mit allen. Allein auf ihrem hohen Sockel, wenden sich mit überlegener Miene von ihren Mitmenschen ab und würdigen sie keinen Blickes. Hier zeigt sich die Tragik des Hochmuts: Er führt zu Einsamkeit und Leere.

Stolz und Kontrolle

Es gibt in der Hirnforschung zwar nur wenige Untersuchungen, die sich direkt mit Stolz befassen, doch über Teilbereiche des Themas wurde durchaus geforscht. Lassen Sie uns damit beginnen, diese Teilbereiche und die dazugehörigen Hirnregionen der Reihe nach zu besprechen (Sie können dazu auch die Falttafel sowie das Glossar mit Erläuterungen am Ende des Buches nutzen). Um stolz sein zu können, muss man sich zunächst einmal seiner selbst und seiner Leistungen bewusst sein. Wie bereits erwähnt, sind dabei das autobiografische Gedächtnis und das autonoetische Bewusstsein – das Gefühl einer Verbindung zwischen sich und seinen Handlungen – von Bedeutung. Das autobiografische Gedächtnis nutzt zahlreiche Hirnregionen, beispielsweise Teile der präfrontalen Hirnrinde (vor allem den medialen Bereich), die anteriore cinguläre Hirnrinde, Teile der temporalen Hirnrinde, die parietale Hirnrinde und das Cerebellum. Wir wissen unter anderem durch M. L.s Fall, dass für das autonoetische Bewusstsein die ventrale präfrontale Hirnrinde und der Fasciculus uncinatus bedeutsam sind und zudem die mediale temporale Hirnrinde eine Rolle spielt.

Wenn wir auf uns selbst stolz sind, erinnern wir uns nicht nur an unsere Leistung, sondern überdenken unser Verhalten dabei auch im Hinblick auf unsere eigenen sowie die Normen anderer. Stolz erfordert also die Fähigkeit zur Selbstreflexion. Studien haben eindeutig nachgewiesen, dass wir zur Reflexion unseres eigenen Verhaltens die orbifrontale/ventromediale präfrontale Hirnrinde nutzen, etwa wenn wir über die Frage nachdenken, ob wir uns gestern im Verkehr einigermaßen normal verhalten haben. Auch die mediale parietale Hirnrinde sowie die cinguläre Hirnrinde und die anteriore Insula sind an der Selbstreflexion beteiligt. Wenn wir über unsere Charaktereigenschaften nachdenken, uns beispielsweise fragen: »Bin ich ein Spaßvogel oder ein diplomatischer Mensch?«, nehmen wir dazu vor allem die ventromediale präfrontale Hirnrinde und die mediale parietale Hirnrinde in Anspruch. Stolz entsteht meist, wenn wir wahrnehmen, dass andere unser Verhalten positiv beurteilen. Deshalb müssen wir uns auch vorstellen können, wie andere uns beurteilen. Eine Möglichkeit, eine solche Vorstellung zu entwickeln, besteht darin, aus eigenen Erfahrungen und theoretischen Annahmen über das Denken und Fühlen von Menschen in bestimmten Situationen darauf zu schließen, wie andere in ähnlichen Situationen über uns denken würden. Diese Art und Weise, sich hypothetisch in die Gedanken eines anderen hineinzuversetzen, wird als »Theory of Mind« bezeichnet. Wenn wir versuchen, uns vorzustellen, wie andere uns sehen, nehmen wir vor allem die dorsomediale präfrontale Hirnrinde in Anspruch. Aber auch die rechte ventrolaterale präfrontale Hirnrinde, die cinguläre Hirnrinde, die mediale parietale Hirnrinde und Teile der temporalen Hirnrinde sind beteiligt.

Sie können sich auch in andere hineinversetzen, indem sie unmittelbar nachempfinden, was ein anderer fühlt, also indem sie empathisch sind. Die Empathienetzwerke habe ich bereits im Kapitel zum Thema Neid beschrieben: Die wichtigsten Bereiche dieses Netzwerks sind die anteriore Insula, die (dorsale) anteriore cinguläre Hirnrinde, die orbitofrontale/ventromediale präfrontale Hirnrinde sowie Teile der parietalen Hirnrinde.

Die wenigen Studien zum Ursprung von Stolz im Gehirn bestätigen, dass einige dieser Hirnregionen am Gefühl des Stolzes beteiligt sind. Ronald Zahn und seine Kollegen erforschten unter anderem, was Menschen fühlen, wenn sie in Übereinstimmung mit ihren eigenen moralischen Werten handeln – und stellten fest, dass sie sich dabei stolz fühlen. Sie legten den Probanden Sätze vor, in denen sie mal mehr, mal weniger gelobt wurden, und scannten währenddessen die Gehirne. Die Probanden sollten beschreiben, wie gut bzw. schlecht sie sich bei dem geschilderten Verhalten fühlten, und dieses Gefühl mit einem Label (wie »stolz« oder »schuldig«) versehen. Die Ergebnisse dieser Untersuchung zeigten, dass der vordere Teil der ventromedialen präfrontalen Hirnrinde tatsächlich mit der positiven Form von Stolz gekoppelt ist. Diese Hirnregion ist, wie bereits erwähnt, an mehreren Bausteinen von Stolz beteiligt: am autonoetischen Bewusstsein sowie an Selbstreflexion und Empathie. Außerdem verdeutlichte die Untersuchung, dass Teile des Belohnungssystems im Gehirn Aktivität zeigten, wenn die Probanden Stolz verspürten. Es ist daher alles andere als verwunderlich, dass Stolz uns ein gutes Gefühl verschafft.

Eine andere Studie, durchgeführt von Hidehiko Takahashi und seinen Kollegen, wies eine Verbindung des rechten superioren temporalen Sulcus (Sulcus bezeichnet eine Grube in den Windungen der Hirnrinde) und des vorderen Teils des linken Temporallappens mit der positiven Form von Stolz nach. Wie bereits beschrieben, werden diese Regionen unter anderem aktiv, wenn wir uns vorzustellen versuchen, wie andere uns einschätzen (theory of mind), oder wenn wir persönliche Ereignisse aus unserem (autobiografischen) Gedächtnis hervorholen. Wir haben bisher einige Erkenntnisse über jene Netzwerke des Gehirns gewonnen, die an tugendhaften Ausprägungen von Stolz beteiligt sind. Doch was geschieht, wenn Stolz in Hochmut umschlägt? Haben wir eine Vorstellung davon, was im Gehirn eines hochmütigen Menschen vor sich geht? Um diese Frage zu beantworten, ist es hilfreich, einen Blick auf das Verhalten eines Menschen zu werfen, dem von Wissenschaftlern, Politikerkollegen und der schreibenden Zunft ein gehöriges Maß an Hochmut nachgesagt wird: George W. Bush.

George W. Bush und das Hybris-Syndrom

Am 1. Mai 2003 landete George W. Bush im Cockpit eines S-3B Viking Jets neben dem Piloten sitzend auf dem Flugzeugträger USS Abraham Lincoln. Die Seitenflächen des Viking Jets trugen die Schriftzüge: *Navy One* und *George W. Bush Commander in Chief*. Bush entstieg dem Flugzeug in voller Montur, um sich ausgiebig dabei fotografieren zu lassen, wie er Soldaten des Flugzeugträgers umarmte. Kurz danach hielt er, nun wieder im Anzug, eine Rede vor der versammelten Weltpresse, in der er Sätze formulierte wie: »Major combat operations in Iraq have ended«, »In the battle of Iraq, the United States and our allies have prevailed«, »The battle of Iraq is one victory in a war on terror that began on September 11, 2001, and still goes on« und »Our war against terror is proceeding according to the principles that I have made clear to all«. All das spielte sich unter einem vom Weißen Haus angefertigten Transparent mit dem Text

MISSION ACCOMPLISHED statt. Doch schon bald wurde deutlich, dass von einer *mission accomplished* überhaupt keine Rede sein konnte. Die gewaltsamen Auseinandersetzungen im Irak wurden mit unverminderter Heftigkeit fortgeführt. Und es wurde deutlich, dass die Invasion begonnen worden war ohne einen klaren Plan, wie es nach dem Einfall der USA mit dem Irak weitergehen sollte. Das hatte verheerende Konsequenzen.

David Owen, Autor des Buches *The Hubris Syndrome* und in der zweiten Hälfte der Siebzigerjahre Außenminister der britischen Labourregierung, bezeichnete dieses Auftreten Bushs als einen unglaublichen Akt von Hochmut. Er nutzte diese und andere Verhaltensweisen Bushs als Beispiele für den von ihm geprägten Begriff des Hybris-Syndroms. Dieser verweist auf das Wort »Hybris«, mit dem in der Antike Handlungen eines hochmütigen Gewalttäters bezeichnet wurden, der seine Opfer – und damit letztlich auch sich selbst – erniedrigte. Als aktuelles Beispiel für Hybris kann das Verhalten der Akteure in der Finanzwelt dienen, das letztlich zur Finanzkrise geführt hat. In der Antike galt Hybris als Ausdruck für eine übermäßige Arroganz des Stärkeren und als große, wenn nicht gar als die größte Sünde. Ein Akt der Hybris endete zumeist im Untergang des Akteurs. Heute steht der Begriff »Hybris« für übertriebenen Stolz, übergroße Selbstsicherheit und die Geringschätzung anderer. Hybris gilt als Synonym für Hochmut.

Nach Owens Auffassung ist Hybris eine Berufskrankheit, von der alle Menschen in leitenden Positionen bedroht sind. Sie grassiert in der Politik und der Wirtschaft ebenso wie in der Religion, beim Militär und in der akademischen Welt. Eine Steigerung von Hybris ist das Hybris-Syndrom. Um zu prüfen, ob jemand in Ihrem Umfeld am Hybris-Syndrom leidet, sollten Sie auf folgende Eigenschaften achten, die das Syndrom nach Owens Ansicht charakterisieren:

- eine narzisstische Tendenz, die Welt als Arena zu betrachten, die einzig und allein der persönlichen Ausübung von Macht und der Erlangung persönlichen Ruhms dient,
- den Wunsch, vor allem dann aktiv zu werden, wenn es den Betroffenen in ein gutes Licht setzt und sein Image fördert,
- ein übertriebenes Bemühen um das eigene Image und das persönliche Auftreten, die Neigung, sich in salbungsvollem Ton über die eigenen Taten auszulassen, und einen Hang, erhaben zu sprechen und zu agieren,
- ein übermäßiges Vertrauen in die eigene Urteilskraft und die Tendenz, den Ratschlägen oder der Kritik anderer mit Missachtung zu begegnen,
- ein übersteigerter Glaube an sich selbst, der in der Vorstellung des Betroffenen kulminiert, er könne fast alles erreichen,
- die Auffassung des Betroffenen, er müsse sich nicht vor seinen Kollegen oder der öffentlichen Meinung verantworten, sondern allein vor einer viel höheren Macht, wie z. B. der Weltgeschichte oder vor Gott,
- das unerschütterliche Vertrauen, das eigene Handeln lasse sich diesen Mächten gegenüber rechtfertigen,
- eine so übermäßig starke Identifikation mit dem eigenen Land (oder dem eigenen Unternehmen oder der eigenen Institution), dass dem Betroffenen die eigenen Sichtweisen und Interessen mit denen des Landes (des Unternehmens oder der Institution) identisch erscheinen,
- die Neigung, über sich selbst in der dritten Person zu sprechen oder das majestätische »wir« zu verwenden,
- rastloses, leichtsinniges und impulsives Handeln,
- eine wachsende Distanz zur Realität sowie zunehmende Isolation,

- die Neigung, einen allgemeineren Standpunkt und vor allem die Überzeugung der moralischen Richtigkeit eines Vorhabens über die Dinge zu stellen und damit konkrete Aspekte wie Durchführbarkeit, Kosten und Nachteile eines Vorhabens zu ignorieren,
- von Hybris geprägte Inkompetenz oder ein übersteigertes Selbstbewusstsein, das politische Details außer Acht und den Betroffenen nach Gutdünken handeln lässt.

Das Hybris-Syndrom erwächst aus einem Wechselspiel der oben genannten internen und externen Faktoren. Die wichtigsten externen Faktoren des Hybris-Syndroms sind:
- Macht in beträchtlichem Umfang (hier vor allem an Erfolg gekoppelte Macht, wobei das Hybris-Syndrom an sich davon unabhängig ist, ob der Betroffene erfolgreich ist oder nicht),
- nahezu uneingeschränkte Entfaltungsmöglichkeiten persönlicher Autorität,
- die Möglichkeit, diese Machtposition einige Zeit zu bekleiden.

Wenn Sie befürchten, selbst am Hybris-Syndrom zu leiden, oder wenn Sie jemanden kennen, der daran leidet, gibt es eine radikale, aber äußerst wirkungsvolle Therapie: Machtverlust. Mit dem Verlust von Macht schwindet auch das Hybris-Syndrom. Sollten Sie allerdings noch keine Macht besitzen, sich aber zum Ziel gesetzt haben, mächtig zu werden, könnte ein Bewusstsein über die Fähigkeiten und Verhaltensweisen hilfreich sein, die Sie vor dem Hybris-Syndrom bewahren können. Seien Sie zunächst einmal bescheiden. Holen Sie darüber hinaus weiterhin Informationen von anderen ein, auch wenn diese nicht zwangsläufig zu einer Änderung Ihrer Auffassung führen. Akzeptieren Sie, dass ein demokratisches System Kontrollen enthält, die Sie ebenso wie andere auf dem rechten Weg halten, und versuchen Sie nicht, diese Kontrollen zu umgehen. Bleiben Sie empfänglich für Kritik, seien Sie selbstkritisch und bewahren Sie sich Ihren Sinn für Humor. Nach David Owens Auffassung litten in den vergangenen hundert Jahren mindestens vier der Politiker an der Spitze von Großmächten am Hybris-Syndrom: David Lloyd George, Margaret Thatcher, George W. Bush und Tony Blair. Bei führenden Politikern lässt sich das Hybris-Syndrom manchmal nur schwer diagnostizieren, weil einige Merkmale zeitweise auch Zeugnis guter Führungsqualität sein können. Doch wenn das Hybris-Syndrom vollends ausbricht, kann auch von guter Führungsqualität keine Rede mehr sein. Denn wenn anstelle prosozialen Verhaltens Hochmut zur Triebfeder der Politik und des Handelns wird, ist der Betroffene nicht mehr für eine Machtposition geeignet. Menschen, die an einem Hybris-Syndrom leiden, sind selten dazu bereit, sich untersuchen zu lassen oder den Gedanken einer Krankheit zu akzeptieren. Denn krank zu sein betrachten hochmütige Menschen als Zeichen von Schwäche, und Schwächen gestehen sie sich nicht ein. Hat jemand mit einem Hybris-Syndrom erst einmal eine Spitzenposition erreicht, ist er nicht so leicht zu verdrängen. Die Symptome des Hybris-Syndroms überschneiden sich zum Teil mit denen eines anderen, häufig mit Hochmut in Verbindung gebrachten Krankheitsbildes: mit den Symptomen des Narzismus. Narzisten haben ein übertrieben positives Selbstbild und tun alles, um es zu bewahren. Sie stehen gerne im Mittelpunkt, sind vorwiegend mit ihrem persönlichen Erfolg beschäftigt und in einer Beziehung kaum zu Intimität und Nähe fähig. Oft sind sie egoistisch und ehrgeizig und zeigen wenig Einfühlungsvermögen. Studien ergaben, dass sich Narzisten oft als Anführer einer Gruppe aufspielen und von anderen in dieser Rolle zunächst auch akzeptiert werden. Doch sobald den Mitgliedern der Gruppe klar wird, dass für den neuen Anführer nicht die Gruppe, sondern allein er selbst im Mittelpunkt des Interesses steht, ist es um ihre Akzeptanz schnell geschehen.

Das Hybris-Syndrom bildet möglicherweise eine Variante der narzistischen Persönlichkeitsstörung. Führungspersönlichkeiten, die am Hybris-Syndrom leiden, können in vielen Bereichen der Welt und im Leben zahlreicher Menschen erheblichen Schaden anrichten, Menschen mit guten Führungsqualitäten hingegen tragen zur Erhöhung der Lebensqualität vieler Menschen bei. Wie kommt es aber, dass manche Menschen in Machtpositionen dem Hochmut und Egoismus verfallen? Die Antwort auf diese Frage hängt offenbar mit der Art zusammen, in der Macht die unterschiedlichen Facetten von Stolz im Gehirn beeinflusst.

Wenn Stolz aus der Bahn geworfen wird

Jennifer Beer und ihre Kollegen untersuchten in ihren Studien Patienten mit Schädigung der ventromedialen präfrontalen/orbitofrontalen Hirnrinde. Diese sollten anhand von Stichworten wie Angst, Glück, Ekel, Scham, Schuld und Stolz etwas von sich erzählen. Die Forscher entdeckten, dass diese Patienten, im Gegensatz zu gesunden Probanden, überaus freimütig zahlreiche intime Details ihres Lebens preisgaben. In einem anderen Experiment sollten die Probanden im Dienste eines Scherzes Spitznamen für den Versuchsleiter erfinden. Dabei wählten die Patienten ungewöhnlich häufig obszöne und anstößige Namen. Trotzdem waren die Patienten nach diesen scherzhaften Hänseleien stolzer auf ihr Verhalten als die gesunden Probanden. Außerdem waren sie häufiger der Ansicht, zu Recht gelobt worden zu sein, wenn der Untersuchungsleiter sie nach einem einfachen Auftrag völlig unangemessen mit Lob überschüttete. Weitergehende Untersuchungen ergaben, dass diese Patienten aufgrund ihrer Schädigung der orbitofrontalen/ventromedialen präfrontalen Hirnrinde Emotionen wie Stolz, Scham und Schuld, die in den Gesichtern anderer Personen zum Ausdruck kamen, nur schwer interpretieren konnten. Die Patienten waren der festen Überzeugung, Hervorragendes zu leisten, obwohl das offensichtlich nicht der Fall war, und sie waren stolz auf sich, obwohl es keinen Grund dazu gab. Ein solches Verhalten kann als Hochmut beschrieben werden – verursacht von einer Schädigung der orbitofrontalen/ventromedialen präfrontalen Hirnrinde.

Dieser Bereich ist also offenbar auch im Zusammenhang mit Hochmut aktiv – wie auch bereits bei allen anderen Bausteinen des Stolzes erläutert, wie dem autobiografischen Gedächtnis, dem autonoetischen Bewusstsein, der Selbstreflexion und dem Einfühlungsvermögen. Die orbitofrontale/ventromediale präfrontale Hirnrinde scheint entsprechend das Zentrum des Stolz-Netzwerks im Gehirn zu bilden. Wenn diese Region in ihrer Funktion beeinträchtigt ist, kann Hochmut entstehen.

Aber wie verhält es sich mit den Menschen in Machtpositionen? Warum laufen sie Gefahr, hochmütig zu werden – und in manchen Fällen sogar ein Hybris-Syndrom zu entwickeln? Eine Erklärung für ihren Hochmut könnte darin liegen, dass die orbitofrontale/ventromediale präfrontale Hirnrinde nicht nur aufgrund unterschiedlicher Anlagen mehr oder weniger gut funktioniert, sondern in ihrer Funktion auch von Umgebungsvariablen beeinträchtigt wird. Eine davon ist Macht. Das zeigt auch die schon im Kapitel über Habsucht beschriebene Untersuchung von Manfred Spitzer: In seiner Studie sollten gesunde Probanden einen Geldbetrag mit einer anderen Person teilen. Hatten sie allein die Macht, den Verteilungsschlüssel festzulegen, hinderten selbstbewusste Emotionen wie Scham und Stolz sie nicht daran, sich asozial zu verhalten. Sie bedienten sich großzügig auf Kosten anderer. Wurden ihnen Strafen angedroht, änderten sie ihr Verhalten, sie wurden sozialer und teilten fairer. Hirnscans zeigten, dass an dieser Wende von einem egoistischen zu einem sozialen Verhalten Areale der präfrontalen Hirnrinde, etwa Bereiche im Zentrum des Stolz-Netzwerks, beteiligt waren. Bei vielen machthabenden Menschen reagieren die präfrontale Hirnrinde und das darin enthaltene Kerngebiet des Stolz-Netzwerks nicht mehr sonderlich sozial. Offenbar hat eine selbstbewusste Emotion wie der tugendhafte Stolz hier geringeren Einfluss, sodass sich das Handeln nicht mehr an sozialen Normen, sondern an anderen Variablen orientiert. Aus Beers Studie konnten wir bereits ersehen, dass eine Schädigung im Kern des neuronalen Stolz-Netzwerks auch die Fähigkeit zur Selbstreflexion sowie zur Beurteilung der Gedanken und Gefühle anderer beeinträchtigt. Diese beiden Fähigkeiten helfen uns gewöhnlich einzuschätzen, ob unser Handeln unseren eigenen und den Normen anderer entspricht. Wenn wir erkennen, dass unser Verhalten diese Normen verfehlt, können wir es noch entsprechend korrigieren. Wenn diese Fähigkeiten jedoch beeinträchtigt sind, steuert der Betroffene mit einem schlecht funktionierenden Stolz-Kompass nicht nur auf ein asoziales Verhalten zu, es fehlt ihm auch ein sozialer Korrekturmechanismus, mit dessen Hilfe er sich wieder auf den richtigen Kurs bringen könnte. Dieser ist bei Menschen in Machtpositionen zusätzlich beeinträchtigt, wenn es in ihrem Umfeld niemanden gibt, der ihnen gelegentlich die Wahrheit sagt und ihnen ein realistisches soziales Feedback gibt. Wenn all das fehlt, ist die Gefahr groß, hochmütig zu werden und es auch zu bleiben.

Strafen können den Betroffenen in einem solchen Fall wieder auf den richtigen Weg bringen. Spitzer konnte auf der Grundlage von Hirnscans der Probanden voraussehen, auf wen Strafen eine korrigierende Wirkung haben würden und auf wen nicht. Je stärker bestimmte präfrontale Hirnregionen eines Probanden, der zuvor straffrei ausgegangen war, auf die Androhung von Strafe reagierten, desto größer war die Wahrscheinlichkeit, dass er sich sozialer verhalten würde. Spitzer konnte zudem nachweisen, dass eine vermehrte Hirnaktivität in der linken orbitofrontalen Hirnrinde und der rechten Insula mit machiavellistischen, auch für Hochmut und das Hybris-Syndrom charakteristischen Persönlichkeitsmerkmalen wie Egoismus und Opportunismus in Zusammenhang steht. Menschen mit diesen Eigenschaften heimsten in diesem Experiment am meisten Geld ein. Denn in Situationen, in denen sie ungestraft unfair teilen konnten, eigneten sie sich die höchsten Summen an, in Situationen hingegen, in denen ihnen Strafen drohten, teilten sie schnell viel fairer, sodass sie den angedrohten Strafen entgehen konnten und ihr Geld behalten durften. Mithilfe der Hirnscans konnten die egoistischen Opportunisten also herausgepickt werden.

Vielleicht könnte Spitzers Studie und die Erkenntnis, dass Menschen in Machtpositionen eher dazu neigen, ein Hybris-Syndrom zu entwickeln, Anlass dazu geben, in Zukunft die Gehirne mächtiger Führungspersönlichkeiten im Hinblick auf bestimmte Aspekte zu scannen. Denn obwohl einige ihre Karrieren mit noblen Vorsätzen beginnen, scheinen die Auswirkungen der Macht auf ihr Gehirn ihr anfänglich soziales Verhalten mit der Zeit in hochmütigen Machiavellismus zu verwandeln. Und das kann sich angesichts ihrer Verantwortung für die Belange zahlreicher Menschen fatal auswirken.

Dieses Kapitel macht deutlich, dass unser Selbstbewusstsein und unsere Fähigkeit zu Selbstreflexion und Empathie darüber entscheiden, wie sehr wir einer Sünde wie dem hier thematisieren Hochmut verfallen. Die orbitofrontale/ventromediale präfrontale Hirnrinde bildet ein wichtiges Zentrum im Netzwerk dieser Fertigkeiten.

Zudem zeigte sich, dass es zwei Ausprägungen von Stolz gibt: eine tugendhafte und eine sündige. Den sündigen Stolz bezeichnen wir als Hochmut. Tugendhafter Stolz wurde im Verlauf der Evolution wahrscheinlich entwickelt, weil er soziales Verhalten fördert und uns dazu anspornt, uns für nützliche, aber auch nur durch Anstrengung zu erreichende Ziele zu engagieren. Dieser tugendhafte Stolz kann allerdings auch in Hochmut entarten, wobei Macht offenbar eine zentrale Rolle spielt. Gleichwohl hat auch Hochmut eine Funktion. Weil hochmütiges Verhalten Ähnlichkeiten mit dem Verhalten tugendhaft stolzer Menschen aufweist, kann Hochmut zur Erhöhung des Status beitragen, der entsprechende Statusgewinn ist meist jedoch nur von kurzer Dauer. Letztendlich führt Hochmut nicht selten zu Unverständnis und Einsamkeit.

Stolz ist in manchen Situationen eine kraftvolle Emotion, die soziales Verhalten fördert, unangebrachter Stolz oder Hochmut erzeugen jedoch offensichtlich eine entgegengesetzte Wirkung. Bei Hochmut geht es vor allem um das eigene Ego und logischerweise trägt man mit einem derart egozentrischen Verhalten, gelinde gesagt, wenig Positives zu seinem eigenen Umfeld bei. Das Muster, sich aus übersteigerter Eigenliebe seiner sozialen Verantwortung zu entziehen, steht auch im Zentrum der nächsten Sünde: der Trägheit.

Doch lassen Sie uns zunächst noch ein Dilemma betrachten.

Dilemma: Sind Sie ein Snob?

Wenn Sie zwischen Coca-Cola und Pepsi, Chanel oder C & A, Mercedes oder Toyota wählen müssten, für was würden Sie sich entscheiden? Und was beeinflusst Ihre Wahl? Intrinsische Eigenschaften des Produkts wie der Geschmack und die Qualität der Materialien oder doch eher extrinsische, mit der Marke verbundene Eigenschaften wie der Preis und das Image?

Hilke Plassmann und ihre Kollegen von der Stanford University untersuchten Fragen dieser Art. Sie scannten die Gehirne von Männern und Frauen, die verschiedene Weine testeten. Den Probanden erklärte man, sie sollten fünf unterschiedliche Cabernet Sauvignons testen, um herauszufinden, welche Auswirkungen dieses intensive Kosten und Schmecken auf den Geschmack des Weines hätte. In Wirklichkeit untersuchte Plassmann die Wirkung des Weinpreises auf das Gehirn der Probanden und deren Genussempfinden. Obwohl den Probanden erklärt wurde, es seien fünf unterschiedliche Weine zu testen, waren nur drei Weine im Spiel: zwei davon wurden ihnen insgeheim zweimal angeboten, einmal mit einem hohen, ein anderes Mal mit einem niedrigeren Preis. Die Probanden wurden gebeten, sich auf den Geschmack jedes einzelnen Weines zu konzentrieren und ihren jeweiligen Genuss zu beurteilen. Aus dem Experiment ging eindeutig hervor, dass der jeweilige Genuss mit dem Preis des Weines stieg. Die Hirnscans zeigten, dass höhere Preise die mediale orbitofrontale Hirnrinde stimulierten. Weil diese Hirnregion auch an der Wahrnehmung von Genuss beteiligt ist, kamen die Wissenschaftler zu dem Schluss, dass »teuer« im Gehirn manchmal auch mit dem Etikett »wohlschmeckend und gut« versehen wird. Die höheren Preise hatten allerdings keine Auswirkung auf die primären Geschmacksregionen im Gehirn. Durch den höheren Preis wurde also nicht das reale Geschmacksempfinden, sondern nur der aus dem Geschmack gezogene Genuss beeinflusst. Die Untersuchungen von Michael Koenigs und Daniel Tranel deckten auf, dass der Genuss eines Produkts nicht nur durch den Preis, sondern auch die Marke geprägt wird. Sie wiesen nach, dass den Probanden, die nicht wussten, welche Cola sie tranken, Pepsi besser schmeckte als Coca-Cola. Der Anblick der Marke jedoch veränderte ihre Vorliebe. Auch diese Reaktion, die den Geschmack von Cola an das entsprechende Image koppelt und damit letztlich den Genuss und die Entscheidung für ein einzelnes Produkt bestimmt, geht auf die Funktion der orbitofrontalen/ventromedialen präfrontalen Hirnrinde zurück.

Diese Studien legen die Vermutung nahe, dass unsere Vorliebe für bestimmte Produkte in den meisten Fällen nicht von intrinsischen Qualitäten des Produkts, sondern – ganz ordinär – vom Preis und der Marke bestimmt wird, auch wenn wir uns dessen oft nicht bewusst sind. Wir verwechseln also mehr oder weniger alle intrinsischen mit den extrinsischen Werten. Anders ausgedrückt: Wir leiden alle an einer speziellen, mit einem Label versehenen Form des Hochmuts: dem Snobismus.

Glauben Sie, dass Sie sich aufgrund dieses Wissens zukünftig weniger von Marken und Preisen, die Ihnen nur bestimmte Eigenschaften suggerieren, beeinflussen lassen und Sie sich stärker an den tatsächlichen intrinsischen Werten eines Produkts orientieren werden? Oder glauben Sie, dass Sie dem Wirken Ihrer orbitofrontalen/ventromedialen präfrontalen Hirnrinde dennoch nicht entkommen können und nach wie vor in Symbole investieren werden?

TRÄGHEIT

Der Mann ohne soziales Gespür

Wenn E. V. R. von seiner Jugend erzählt, schildert er eine nach eigener Aussage völlig normale Zeit, ohne traumatische Ereignisse oder schwere Krankheiten. Er beschreibt eine Kindheit, die wie ein schönes Leben auf einem Bauernhof klingt: Als ältestes von fünf Kindern hatte E. V. R. einen großen Freundeskreis und verfügte über gute soziale Kompetenzen. Er war beliebt und manchen sogar ein Vorbild. Er war außerdem ein guter Schüler. Schon in jungen Jahren begegnete er seiner großen Liebe, zumindest glaubte er das damals. Nach dem Abitur heirateten sie und bekamen zwei Kinder. Er arbeitete zunächst ein paar Jahre, um genügend Geld für eine weiterführende Ausbildung zum Bilanzbuchhalter anzusparen, welche er anschließend absolvierte, machte seinen Studienabschluss und nahm dann eine Stelle als Finanzbuchhalter bei einem soliden Unternehmen an. Sein Leben schien ohne Komplikationen zu verlaufen. Als er fünfundzwanzig war, hatte er eigentlich alles, was er sich erträumt hatte: eine liebe Frau, niedliche Kinder, einen guten Job, einen großen Freundeskreis und beste Karriereaussichten. Es schien, als könne nichts schiefgehen.

Aber das war natürlich ein Irrtum. Die Schwierigkeiten begannen im Alter von etwa fünfunddreißig Jahren. Zuerst wurden seine Augen schlechter, dann schien sich auch seine Persönlichkeit irgendwie zu verändern. Er suchte einen Arzt auf und nach einigen Untersuchungen entdeckte man einen Tumor in der orbitofrontalen/ventromedialen präfrontalen Hirnrinde, der leider schon sehr groß war – so groß, dass er auf beide frontalen Hirnlappen drückte. Die Ärzte entschieden sich daher für eine Entfernung der ventromedialen präfrontalen Hirnrinde. Die Operation verlief erfolgreich und bereits nach zwei Wochen wurde E. V. R. glücklich wieder aus dem Krankenhaus nach Hause entlassen. Die Genesung machte gute Fortschritte, sodass er seine Arbeit als Buchhalter nach drei Monaten wieder aufnehmen konnte. Die Schwierigkeiten waren überstanden, er hatte die Zügel wieder in der Hand und sein Leben ging weiter. Es schien, als sei er mit dem Schrecken davongekommen.

Aber ganz so einfach war es dann doch nicht. E. V. R. konnte zwar gehen, sprechen und denken, doch er schien irgendwie verändert. Er traf merkwürdige Entscheidungen, zum Beispiel, als ein ehemaliger Kollege ihm vorschlug, gemeinsam ein Bauunternehmen zu gründen. Der Mann wirkte nicht vertrauenswürdig, aber aller Warnungen seiner Familie und seiner Freunde zum Trotz schien E. V. R. für die sozialen Risiken dieses Abenteuers taub und blind zu sein und investierte seine gesamten Ersparnisse in das neue Unternehmen. Die Firma meldete Konkurs an, und E. V. R. verlor das gesamte Geld. Danach bewarb er sich bei verschiedenen Unternehmen und wurde auch häufig eingestellt, aber ebenso häufig wieder entlassen. Er konnte sich nicht mehr sozial integrieren, kam oft zu spät ins Büro und arbeitete unorganisiert.

Auch privat verlief sein Leben alles andere als optimal. Die Beziehung zu seiner Frau litt zusehends, und nach siebzehn Jahren Ehe packte sie ihre Koffer, zog mit den Kindern aus und reichte die Scheidung ein. Merkwürdigerweise beschloss E. V. R. schon einen Monat nach seiner Scheidung, wiederum gegen die Einwände seiner Familie, erneut zu heiraten. Leider endete auch diese Ehe zwei Jahre später mit einer Scheidung.

E. V. R.s Entscheidungsfähigkeit hatte sich offensichtlich verändert. Während manche seiner Beschlüsse impulsiv wirkten, konnte er über andere Dinge stundenlang grübeln. Sei es die Wahl der Kleidung oder des Restaurants – bei jeder Entscheidung schien es um Leben und Tod zu gehen. Außerdem entwickelte er eine Vorliebe für leere Kartons, vertrocknete Pflanzen, alte Zeitungen und defekte Haushaltsgeräte. Er konnte sich einfach nicht dazu durchringen, dieses nutzlose Zeug auf den Müll zu werfen.

E. V. R. konnte offensichtlich nicht mehr für sich selber sorgen, weshalb er sich erneut medizinischen Untersuchungen unterziehen musste. Intelligenztests ergaben hervorragende Werte und auch sein Gedächtnis und seine kognitiven Fähigkeiten funktionierten normal. Er machte eine Psychotherapie, aber diese zeigte keinerlei Wirkung. Weitere Tests verliefen ohne auffälligen Befund. In Unterhaltungen war er ein interessanter Gesprächspartner, der über Themen wie die aktuelle politische Situation gut informiert war. Legte man ihm soziale Dilemmas in schriftlicher Form vor, bot er gut durchdachte Lösungen an. In Bezug auf alltägliche Situationen jedoch wirkte sein Sozialverhalten gefühlskalt. Als er seinen Ärzten beispielsweise von der Absicht erzählte, ein drittes Mal zu heiraten, bezeichnete er seine zukünftige Frau als »eine verwöhnte achtundfünfzigjährige alte Schachtel« (E. V. R. selbst war damals vierundvierzig). Er sagte ihnen auch, er wolle sie zur Investition ihres Geld in ein Reisebüro überreden, das Wohnmobil-Urlaubsrundreisen für betuchte Kunden organisierte. Sehr zartfühlend klang das nicht.

Auffallend war zudem, dass E.V.R. offenbar einen großen Teil seiner Antriebskraft verloren hatte. Ihm fehlten die
spontane Handlungsmotivation und automatisierte Verhaltensmuster. Wenn er morgens aufstand, ging er nicht einfach zur Tagesordnung über, indem er duschte, frühstückte
und zur Arbeit ging, sondern beschäftigte sich stundenlang
mit nutzlosen Dingen. Er schien nicht mehr zu wissen, dass
es Ziele gab, für deren Erreichen bestimmte Dinge erledigt
werden mussten. Erinnerte man ihn daran, verhielt er sich
entsprechend, doch sich selber motivieren, das konnte er
nicht. Fehlten die Ermahnungen seiner Freunde und Verwandten, verfiel E.V.R. in einen Zustand völliger Lethargie.

E.V.R.s Fall wurde zum ersten Mal 1985 von Paul Eslinger und Antonio Damasio im *Journal of Neurology* geschil-
dert. Die Forscher schlussfolgerten, E.V.R. zeige eine Art
soziopathischen Verhaltens, das auf seine Hirnschädigung
zurückzuführen sei. Bemerkenswert war vor allem, dass
seine früheren intellektuellen Fähigkeiten und sein soziales
Verständnis offensichtlich noch intakt waren, er sie aber im
Alltag nicht mehr einsetzen konnte: E.V.R. war nicht mehr
in der Lage, die sozialen Informationen seiner Umgebung
zur Steuerung seiner Emotionen und seines Verhaltens zu
nutzen. Soziale Informationen motivierten ihn nicht zu ziel-
gerichteten Handlungen und wurden von ihm nicht adäquat in Entscheidungsprozesse einbezogen. Daraus können
wir schließen, dass die aus der Hirnschädigung resultierende
Gefühlskälte gegenüber den sozialen Informationen aus seinem Umfeld bei ihm eine Art Apathie auslöste.

Apathie wird für gewöhnlich mit Gleichgültigkeit und
Mangel an Tatkraft assoziiert. Richard Levy und Bruno Dubois verstehen unter Apathie das Schwinden von freiwilligen
und sinnvollen Handlungen und unterscheiden verschiedene Formen von Apathie. E.V.R. leidet ihrer Meinung

nach eindeutig an emotionaler Apathie. Diese erschwert oder verhindert bei den Betroffenen die Integration von Gefühlen und emotionalen Informationen in das Handeln, welche für die Interpretation des sozialen Kontextes einer bestimmten Situation jedoch unerlässlich sind. Wenn wir beispielsweise beobachten, dass ein Mann eine Frau umarmt, signalisiert uns unser Gefühl anhand der wahrgenommenen sozialen Informationen sehr schnell, ob die Frau die Umarmung möchte oder nicht. Unser jeweiliges Gefühl ist ausschlaggebend dafür, ob uns eine Situation zum Handeln motiviert oder nicht. Die mit bestimmten Verhaltensweisen verknüpften Emotionen und Gefühle werden von unseren inneren Bedürfnissen, von vielerlei sozialen Normen und Werten und den aus unserer Umgebung empfangenen sozialen Informationen gespeist. Wenn wir nicht mehr in der Lage sind, Gefühle und Emotionen in unser Verhalten zu integrieren, verlieren wir den Antrieb, bestimmte Dinge anzugehen und durchzustehen. Warum sollten wir auch aktiv werden? Unsere Ziele verschwinden, Entscheidungsprozesse werden mühsam, wir wirken emotional abgestumpft. Überdies zieht unser Verhalten häufig negative soziale Konsequenzen nach sich, da es zunehmend schwieriger wird, die Folgen unseres Handelns zu überblicken.

Emotionale Apathie kann infolge einer Schädigung der orbitofrontalen/ventromedialen präfrontalen Hirnrinde und des mit ihr verbundenen ventralen Striatums entstehen, einer Hirnregion, die zum Belohnungssystem des Gehirns gehört. In E. V. R.s Gehirn war diese Region so schwerwiegend geschädigt, dass sich soziale Gefühlskälte und Apathie entwickelten. Zwei Phänomene, die auch bei gesunden Menschen oft zu beobachten sind und die den Kern der Sünde bilden, um die es in diesem Kapitel geht: die Trägheit.

Trägheit im Gehirn

Soziale Trägheit

Wenn Sie mit Trägheit vor allem die Vorstellung verbinden, in Jogginghosen und mit einer Chipstüte in der Hand auf dem Sofa herumzulümmeln und sich von Ihrem Partner das nächste Bier servieren zu lassen, oder vielleicht die etwas idyllischere Vorstellung, mit geschlossenen Augen im warmen Sand zu liegen und die Sonnenstrahlen auf der Haut zu spüren, muss ich Sie leider enttäuschen. Bei der Sünde der Trägheit geht es um andere Dinge, z.B. darum, Bilder von Hungersnöten schnell wegzuzappen, das Elend von Bettlern lediglich als lästig zu erleben und das Leid im Sexbusiness ignorieren zu wollen. Bei dieser Form der Trägheit, die wir als soziale Trägheit bezeichnen, handelt es sich um Gleichgültigkeit – um Gleichgültigkeit gegenüber dem Leid anderer.

Soziale Trägheit kann sich auf vielfältige Weise zeigen. Einerseits kann sie dazu führen, dass man im wahrsten Sinne des Wortes nicht mehr aus dem Bett oder aus dem Haus kommt. Diese, als hypoaktiv bezeichnete Form lässt sich mit unserer gewöhnlichen Vorstellung von Trägheit noch einigermaßen verbinden. Die entgegengesetzte Seite des Spektrums, die hyperaktive Form der Trägheit, ist nicht so leicht wahrzunehmen, obwohl sie in unserer heutigen Gesellschaft sehr verbreitet ist. Sie verbirgt sich in einer mehr als stressigen, völlig verplanten und dennoch sinnentleerten Lebensführung. Wendy Wasserstein bezeichnet diese Form in ihrem Buch über Trägheit auch als Über-Trägheit und hat dabei Menschen im Blick, die alles gleichzeitig tun: Sie führen ein offensichtlich sehr erfolgreiches Unternehmen, haben eine fantastische Beziehung, mehrere Kinder, gehen ständig ins Theater, lesen alle Zeitungen, treffen sich mit aller Welt und verbringen darüber hinaus drei Stunden am Tag im Fitnessstudio, sodass sie auch noch attraktiv aussehen.

Bei dieser hyperaktiven Form der Trägheit ergeben sich mehr oder weniger dieselben Fragen und Antworten wie bei der hypoaktiven Form: Tragen diese hyperaktiven Menschen, ob nun am großen oder kleinen Maßstab gemessen, etwas zu dieser Welt bei? Oder führt ihr ständiger Aktionismus dazu, dass sie sich emotional, mental, spirituell – wie auch immer man es nennen mag – betäuben und Gedanken, die womöglich schmerzhaft sein und echte moralische Anforderungen enthalten könnten, durch ihre Hyperaktivität aus ihrem Kopf verbannen? Sie versuchen jeden noch so kleinen Moment von Langweile zu verdrängen, denn in solchen Augenblicken könnten sie ins Grübeln geraten, und schließlich könnte vielleicht sogar das Gefühl aufkommen, in einer Welt voller Ungerechtigkeiten handeln zu müssen – ein Gefühl, dass sie partout zu vermeiden suchen. Hierin liegt aus Wassersteins Sicht die Parallele zwischen dem hypoaktiven und dem hyperaktiven Faulpelz: Beide rühren in moralischer Hinsicht keinen Finger, ob sie nun im Bett liegen oder mit 240 Stundenkilometern in ihrem Porsche über die Autobahn rasen. Sie haben keine Energie, sich mit den kleinen oder großen Missständen der Welt abzugeben, ob sich diese nun direkt vor ihrer Haustür oder auf globaler Ebene abspielen. Ihnen mangelt es an Antriebskraft für eine Reaktion, sie haben dafür einfach keinen Platz in ihrem Leben. Soziale Trägheit scheint zunächst harmlos zu sein, doch wir werden sehen, dass sie einen persönlichen Preis fordert: quälende Einsamkeit.

Sozialer Schmerz im Gehirn

In unserer Sucht nach Individualität und dem Ausleben unserer Egoismen übersehen wir die Tatsache, dass wir Herdentiere sind und unser Gehirn auf soziale Bindung eingestellt ist. Unser Gehirn ist ein soziales Gehirn. Vom Tag unserer Geburt an suchen wir die Interaktion mit Menschen in unserer Nähe. Als Baby erhöhen wir unsere Überlebenschancen, indem wir unmittelbar eine Bindung zu anderen – in der Regel zu unseren Eltern – eingehen. Denn obwohl wir nicht fähig sind, uns selbst zu ernähren und zu schützen, können wir doch beides sicherstellen, indem wir soziale Bindungen zu Menschen aufbauen, die über diese Fähigkeiten verfügen. Die Nähe zu diesen Menschen gibt uns ein gutes Gefühl, die Trennung von ihnen empfinden wir als schmerzlich. Da dies im Allgemeinen auch auf die Menschen zutrifft, mit denen wir die ersten sozialen Bande schmieden, ergibt sich daraus eine Art Garantie auf gegenseitige Nähe. Auch im Erwachsenenalter brauchen wir andere zum Überleben. Denn wir können uns nicht immer selbst gegen die Gefahren der Außenwelt schützen und auch nicht alle unsere primären Bedürfnisse selbst befriedigen.

Zahlreiche Studien konnten nachweisen, dass ein Mangel an Sozialkontakten negative Gefühle wie Unsicherheit und Feindseligkeit auslöst und sich unmittelbar nachteilig auf unsere Gesundheit auswirkt. Die Pflege sozialer Kontakte scheint für uns in vielerlei Hinsicht sehr bedeutsam zu sein, und unser Gehirn spielt dabei eine entscheidende Rolle.

Wir erkennen das beispielsweise an der Reaktion des Gehirns auf soziale Ausgrenzung. Wenn wir von einer Gruppe ausgeschlossen werden, wird das Schmerznetzwerk in unserem Gehirn aktiviert, was auch die Studie von Naomi Eisenberger und ihrer Kollegen zeigt. Sie scannten die Gehirne von Probanden während eines Cyberballspiels, bei dem sich die Teilnehmer virtuell einen Ball zuwerfen. Die Probanden spielten gegen ein voreingestelltes Computerprogramm, man suggerierte ihnen jedoch, sie spielten mit zwei anderen Testpersonen, deren Gehirn ebenfalls gescannt werde. In der ersten Spielrunde erhielten sie die Information, sie könnten aufgrund technischer Probleme nicht angeschlossen werden und somit lediglich dem Spiel der beiden anderen zuschauen. In der zweiten Spielrunde beteiligten sich die Probanden zwar zunächst am Spiel, wurden in dessen Verlauf aber von ihren Mitspielern vom Spielgeschehen ausgeschlossen, indem diese ihnen einfach nicht mehr den Ball zuwarfen. Die anschließende Befragung der Probanden ergab, dass sie sich in der zweiten Phase des Experiments sozial isoliert gefühlt hatten. Die Aufnahmen ihrer Hirnaktivitäten zeigten, dass während ihrer Ausgrenzung die dorsale anteriore cinguläre Hirnrinde aktiv gewesen war. Dieses Gebiet wird mit physischen Schmerzen und vor allem mit den damit einhergehenden Stressreaktionen in Verbindung gebracht. Je gestresster ein Proband auf die Ausgrenzung reagierte, desto mehr Aktivität wurde in diesem Areal verzeichnet. Während der Ausgrenzung waren zudem auch andere Bereiche des Schmerznetzwerks wie die Insula und die rechte ventrale präfrontale Hirnrinde aktiv. Eisenbergers Studie konnte somit nachweisen, dass sozialer Schmerz im Gehirn das gleiche Schmerznetzwerk aktiviert wie körperlicher Schmerz.

Begebenheiten, die wir als soziale Ausgrenzung interpretieren, stimulieren also das Schmerznetzwerk im Gehirn. Im Kapitel über Habsucht haben wir diese Wirkung z.B. bei unfairem Verhalten – ebenfalls eine Form der sozialen Ausgrenzung – gesehen. Wenn soziale Ausgrenzung das gleiche Schmerznetzwerk im Gehirn stimuliert wie körperlicher

Schmerz, ist auch verständlich, warum Mobbing und Strafen wie soziale Isolation eine wahre Tortur sein können.

Der psychische Schmerz, den wir bei Ausgrenzung empfinden, hat eine Funktion: Er motiviert uns dazu, uns stärker um soziale Bindungen zu bemühen. Die größten Aussichten auf Erfolg haben wir dabei, wenn wir uns prosozial verhalten – und genau das tun wir dann auch. Prosoziale Verhaltensweisen, wie Vertrauen, Altruismus und Hilfsbereitschaft, sowie an Kooperation orientierte Verhaltensweisen wirken belohnend auf das Gehirn. Studien von Wissenschaftlern wie Jorge Moll und William Harbaugh belegen, dass Teile des Belohnungsnetzwerks, etwa das ventrale Striatum, stimuliert werden, wenn wir Geld für einen guten Zweck spenden. Die belohnende Stimulation einer Spende wirkt sich so stark aus, als erhielte man das Geld selber, manchmal sogar noch stärker. Das erklärt, warum uns beides – Geld für einen guten Zweck zu spenden und Geld zu erhalten – ein gutes Gefühl verleiht.

Harbaughs Studie belegt überdies, dass selbst die Verpflichtung, Geld für einen guten Zweck zu spenden, das Belohnungssystem im Gehirn stimuliert. Die belohnende Stimulation ist bei einer freiwilligen Spende jedoch stärker. Anderen zu helfen aktiviert darüber hinaus auch das für soziale Bindungen verantwortliche Netzwerk des Gehirns, was zusätzlich zu unserem Glück beiträgt. Wenn wir einen Beitrag zur Minderung des Leides anderer leisten können, ganz gleich ob durch Spenden auf ein Hilfskonto oder eine dauerhafte Patenschaft, stimulieren wir das Belohnungssystem des Gehirns ebenso wie durch andere prosoziale Verhaltensweisen, z. B. anderen Menschen zu vertrauen, sie fair zu behandeln, mit ihnen zusammenzuarbeiten und ihnen zu helfen. Diese belohnenden Reize motivieren uns auch, anderen zukünftig selbst dann zu helfen, wenn sie nicht zu

unserer Familie oder unserem engsten sozialen Umfeld gehören.

Der Funktionsmechanismus unseres Gehirns sorgt also
dafür, dass sich prosoziales Verhalten gut und soziale Isolation schlecht anfühlen. Er bewegt uns dazu, soziale Bindungen einzugehen und anderen zu helfen. Wenn das zutrifft,
warum werden wir der sozialen Gleichgültigkeit bzw. Trägheit nicht besser Herr?

Die Kraft der Macht

Es gibt verschiedene Mechanismen, die dafür sorgen, dass
wir das Leid anderer nicht mehr sehen oder nicht mehr sehen wollen. Ein wesentlicher Mechanismus ist Macht, wie
eine Studie von Gerben van Kleef und Kollegen von der
Universität Amsterdam verdeutlicht. Die Forscher wollten
herausfinden, welche Emotionen Menschen beim Anblick
von Leid entwickeln. Die Fähigkeit zum Empfinden von
Empathie, Mitgefühl und Mitleid ist wesentlich für die
Wahrnehmung von Leid und die Entscheidung, dieses Leid
möglicherweise zu lindern. Van Kleef untersuchte Personen,
die in unterschiedlichem Maße über soziale Macht verfüg-
ten, d.h. über die Fähigkeit und die Möglichkeit, das Leben
anderer zu beeinflussen. Menschen, die über große soziale
Macht verfügen, haben die Vorstellung, ihr Leben selbst unter Kontrolle zu haben, und fühlen sich unabhängig und frei.
Die Forscher unterteilten eine Probandengruppe nach dem
Zufallsprinzip in Zweiergruppen. Sie ermittelten zunächst
mittels eines Fragebogens das Ausmaß der sozialen Macht
und der aktuellen Emotionen der Probanden. Dann sollten
die Probanden sich an eine Begebenheit erinnern, die starken emotionalen Schmerz bei ihnen hervorgerufen hatte,

und eine Schilderung dieser Begebenheit zu Papier bringen. Sie beschrieben emotionale Momente wie den Tod eines guten Freundes, das Zerbrechen von Beziehungen oder soziale Isolation. Schließlich sollten sich die Probanden ihre Schilderungen gegenseitig vorlesen. Der jeweilige Erzähler sollte dabei vor allem die durch diese Begebenheit seinerzeit bei ihm ausgelösten Gefühle und die Bedeutung, die diese Situation für sein Leben gehabt hatte, deutlich machen. Die Zuhörer sollten sich darum bemühen, so gut wie möglich nachzuvollziehen, was ihr Gegenüber durchgemacht hatte. Nach jeder Schilderung wurden neben einigen anderen Variablen auch die Emotionen der Probanden gemessen, um festzustellen, ob die Zuhörer von der dramatischen Erzählung berührt waren und Mitleid empfanden. Außerdem wurde während des Experiments ein EKG der betreffenden Personen erstellt.

Die Ergebnisse der Studie offenbaren, dass Probanden mit größerer sozialer Macht von den emotionalen Schilderungen weniger erschüttert waren als Testpersonen mit weniger sozialer Macht. Menschen mit mehr Macht empfanden auch weniger Mitleid und waren weniger motiviert, sich für andere einzusetzen. Außerdem gelang es ihnen besser, die Frequenz ihres Herzschlags niedrig zu halten, sie waren entspannter und weniger aufgewühlt.

Adam Galinsky dagegen griff in seiner Studie nicht auf bereits bestehende Machtpositionen der Probanden zurück, sondern verlieh ihnen im Verlaufe des Experiments mehr oder weniger Befugnisse. Seine Studie zeigte auch, dass Menschen sich durch größere Macht schlechter in die Perspektiven, Gedanken und Gefühle anderer hineinversetzen können. Offenbar macht Macht Menschen für das Leid anderer weniger empathisch. Wir haben bereits festgestellt, welche Netzwerke des Gehirns an Empathie betei-

ligt sind und dass diese beeinflussbar sind. Hier zeigt sich
nun also, dass Macht offenbar einen negativen Einfluss
ausübt und unser Gehirn auf eine Weise verändert, die uns
das Leid unserer Mitmenschen weniger gut nachempfinden lässt.

Empathie ist eine wichtige Motivation für die Bereitschaft, beim Anblick Not leidender Menschen aktiv zu werden. Man kann sich leicht vorstellen, wie das Schwinden
von Empathie in einer Machtposition das Schwinden unserer Motivation, sozial zu handeln und damit soziale Trägheit, nach sich zieht. Wenn wir uns sozial mächtiger fühlen
als unsere Mitmenschen, werden wir blind für oder besser
gesagt gefühlskälter gegenüber ihrem Leid; wir verspüren –
von einigen Philanthropen einmal abgesehen – eine geringere Neigung, unser Geld und unsere Energie für ihre Probleme aufzuwenden.

Die Henne und das Ei

Macht scheint also im Allgemeinen unsere soziale Trägheit
zu verstärken, doch ist sie nicht der einzige Faktor, der dies
bewirken kann. Denn andere Studien belegen, dass auch
Einflüsse wie der Glaube an den freien Willen, der Umgang
mit altruistischen oder egoistischen Menschen und das Maß
der sozialen Isolation den Grad der Hilfsbereitschaft verändern. Dass sich Menschen in Bezug auf ihr soziales Engagement und ihre soziale Trägheit unterscheiden, lässt sich auch
an der Beschaffenheit ihres Gehirns erkennen.

Hidenori Yamasue und seine Kollegen von der Universität Tokio untersuchten in ihren Studien vor allem die Unterschiede zwischen den Geschlechtern. Sie wiesen nach, dass
Frauen sich im Vergleich zu Männern sozial engagierter ver-

halten. Dieses höhere Maß an sozialem Engagement scheint damit zusammenzuhängen, dass das Gehirn von Frauen in Relation zur Gehirngröße mehr graue Substanz enthält. Vor allem aber enthält es auch mehr graue Substanz in den dem Sozialverhalten zugewiesenen Regionen im vorderen Bereich des Gehirns, wie der posterioren inferioren frontalen Hirngrube (Sulcus) und der linken anterioren medialen präfrontalen Hirnrinde.

Auch Mael Lebreton und seine Kollegen von der Universität Cambridge konzentrierten sich auf die unterschiedliche Beschaffenheit der Gehirne verschiedener Menschen. Sie entdeckten, dass das Maß an Freude, mit dem sich Menschen an sozialen Interaktionen beteiligen, auch mit der Dichte der grauen Substanz in Teilen ihres Belohnungssystems, etwa im ventralen Striatum und in der orbitofrontalen Hirnrinde, zusammenhing. Weitere Studien von John Cacioppo und seinen Kollegen zeigten, dass soziale Reize im Gehirn von Frauen, die sich selbst als sozial isoliert empfanden, weniger belohnend wirkten als im Gehirn von Menschen, die sich nicht einsam fühlten. Das ventrale Striatum dieser Frauen reagierte auf Fotos von Menschen, die augenscheinlich Spaß empfanden, in geringerem Maße als auf Fotos von Gegenständen. Menschen, die sich nicht einsam fühlten, zeigten die entgegengesetzte Reaktion. Bei ihnen aktivierten sogar Fotos von Menschen in Schwierigkeiten die Übergangsregion zwischen der linken und der rechten temporo-parietalen Hirnrinde stärker als Fotos von Gegenständen. Diese Hirnregion ist aktiv, wenn wir versuchen, die Gefühle und Gedanken anderer nachzuvollziehen. Die Ergebnisse der Studien lassen vermuten, dass soziale Reize im Gehirn von Menschen, die sich nicht einsam fühlen, einen stärker belohnenden Effekt haben und sie daher intensiver über das Leid anderer nachdenken.

Die präfrontale Hirnrinde und das Striatum sind über Nervenbahnen miteinander verbunden. Wie Cohen und seine Kollegen von der Universität Bonn herausfanden, korreliert die Stärke dieser Verbindungsbahnen mit der Intensität des Belohnungsgefühls, das wir empfinden, wenn wir uns sozial verhalten. Wenn wir uns noch einmal vergegenwärtigen, dass bei dem zu Anfang des Kapitels geschilderten Patienten E. V. R. vor allem eine Schädigung der orbitofrontalen Hirnrinde und der Verbindungsbahnen zu anderen Hirnregionen wie dem Striatum vorlag, können wir nun besser nachvollziehen, warum sich seine Persönlichkeit so stark verändert hat und er sich von einem prosozialen zu einem eher apathischen Menschen wandelte.

Dharaol Tankersley von der Duke University in Durham hat zudem nachgewiesen, dass eine erhöhte Aktivität in der posterioren superioren temporalen Hirngrube eines Menschen, der anderen bei einer Tätigkeit zuschaut, ein Hinweis auf den Altruismus dieses Menschen ist. Diese Hirnregion wird aktiv, wenn wir die Bedeutung des Verhaltens unserer Mitmenschen erfassen – eine wichtige Kompetenz, um zu entscheiden, ob sie unsere Hilfe brauchen.

Harbaugh und seine Kollegen demonstrierten, dass Menschen, deren Belohnungssystem im Gehirn stark reagierte, wenn sie dabei zusahen, wie jemand Geld für einen guten Zweck spendete, auch selbst eher dazu bereit waren, für einen guten Zweck zu spenden. Menschen, deren Belohnungssystem stark reagierte, wenn sie selbst Geld erhielten, verhielten sich hingegen zögerlicher, anderen in Not zu helfen.

Diese Untersuchungsergebnisse lassen die Schlussfolgerung zu, dass wir mithilfe von Hirnscans in gewisser Weise vorhersagen können, wer sich sozial träge verhalten wird und wer nicht. Abgesehen vom möglichen prognostischen

Wert der Hirnscans im Hinblick auf soziale Trägheit lässt sich anhand dieser zahlreichen Gehirnstudien auch erkennen, dass manche Menschen durch die Struktur und die Funktionsweise ihres Gehirns eher dazu prädestiniert sind, sich prosozial zu verhalten als andere. Ihr Gehirn besitzt mehr Kapazität für prosoziales Verhalten und belohnt sie stärker, wenn sie sich prosozial verhalten. Daher können sie sich auch leichter für ein solches Verhalten motivieren.

Aber wie kommen diese Unterschiede in den Gehirnen von Menschen zustande? Was ist dabei das Huhn und was das Ei? Haben einige von uns aufgrund ihrer genetischen Anlage ein prosoziales Gehirn, das sie zu prosozialem Verhalten prädestiniert? Oder sind sie sozial engagiert, weil sie in einer anregenden prosozialen Umgebung aufgewachsen sind und zu prosozialem Verhalten erzogen wurden? Die Antwort lautet: Beides stimmt.

Denn einerseits zeichnen unsere Gene natürlich die Struktur und die Funktionsweise unseres Gehirns vor und prägen daher auch unser Verhalten. Wir wissen jedoch andererseits, dass auch unsere Verhaltensmuster und unser Umfeld die Funktion und die Struktur des Gehirns beeinflussen und sich auf diese Weise auf unser aktuelles Verhalten auswirken. Gehirn und Verhalten werden von der permanenten Interaktion zwischen unseren Genen und unserem Umfeld geprägt. Ihr Zusammenspiel entscheidet über das Ausmaß unserer sozialen Trägheit oder unseres sozialen Engagements. Graham Murray, der den Zusammenhang zwischen Gehirn und Sozialverhalten erforscht hat, formuliert das äußerst prägnant: »Wir können hier sehr wahrscheinlich von einem Schneeballeffekt ausgehen. Die Tatsache, dass bestimmte Hirnstrukturen schon zu Beginn eine große Dichte zeigen, fördert möglicherweise soziales Verhalten. Wer sich sozialer verhält, fördert andererseits auch das weitere Wachstum dieser Bereiche.« Und damit, so ließe sich ergänzen, wiederum die Entwicklung prosozialen Verhaltens.

Wir können mit unserem Verhalten also auf unser eigenes Gehirn und das unserer Mitmenschen einwirken. Wenn wir uns prosozialer verhalten, können wir das prosoziale Netzwerk in unserem eigenen und im Gehirn anderer stärken; mehr soziale Trägheit hingegen wird sie zweifellos schwächen. Wir besitzen also eine gewisse Macht, denn über unser Verhalten können wir in einem größeren Maßstab auch entweder zu mehr sozialer Trägheit oder zu mehr sozialem Engagement im Gehirn unserer Mitmenschen und damit in der Welt beitragen.

Schau hin, fühle, denke und handle!

Ich möchte Ihnen vorschlagen, Ihre Macht zu nutzen und zu handeln. Die Möglichkeiten dazu haben Sie. Wir alle können soziales Unrecht und soziales Engagement in unserem Umfeld wahrnehmen, uns dabei schlecht oder gut fühlen, uns zum Nachdenken über Lösungen motivieren lassen und entsprechend handeln. Wie wir gesehen haben, können manche von uns das besser als andere. Aber die meisten von uns leiden nicht wie E. V. R. an einer Hirnerkrankung, sondern sind mit einem Gehirn ausgestattet, das sie in die Lage versetzt, ihre soziale Trägheit über Bord zu werfen und ihre prosozialen Fähigkeiten auszubauen. Prosoziales Handeln, das sich nicht nur an den eigenen, sondern auch an den Interessen anderer orientiert, bringt nicht nur anderen, sondern auch uns selbst eine ganze Menge. Prosoziales Handeln stimuliert das Belohnungsnetzwerk und das soziale Bindungsnetzwerk im Gehirn, sodass wir uns glücklicher und mehr mit anderen verbunden fühlen. Prosoziales Handeln erfordert die Integration unserer Gefühle in unser Verhalten und diese Integration wiederum fördert unsere Entscheidungsfähigkeit, treibt uns im Leben an und behütet uns vor emotionalem Abstumpfen. Prosoziales Handeln wirkt sich auch auf unsere persönliche physische und mentale Gesundheit aus. Und last but not least bringt prosoziales Handeln weiteres prosoziales Handeln hervor.

Also warten Sie nicht länger, handeln Sie. Nehmen Sie an der Welt teil, indem Sie selbst aktiv werden. Lassen Sie sich nicht von dem ungeheuren Leid in der Welt oder von pessimistischen Stimmen in Ihrem Umfeld lähmen. Versuchen Sie zu erkennen, wozu Sie imstande sind, und handeln Sie entsprechend Ihrer Möglichkeiten. Denken Sie nicht, Ihr Handeln sei nur ein Tropfen auf den heißen Stein. Für die Menschen, denen Sie helfen, ist es das gewiss nicht. Sicherlich können Sie weiter auf Gerechtigkeit warten, oder bis Sie mehr ausrichten können, oder darauf, dass ein anderer die Sache in die Hand nimmt, aber warum sollten Sie das tun? Wann, wenn nicht jetzt? Ja, natürlich ist es leichter, nichts zu tun. Aber ein Übel hinzunehmen und nichts dagegen zu tun bedeutet nichts anderes, als ihm nachzugeben. Darum handeln Sie! Lassen Sie es sich von mir gesagt sein: Andere tun es auch, die entsprechenden Konsequenzen bekommen Sie sowieso zu spüren. Jeder, der aufhört, sich für das Gute einzusetzen, spielt doch nur denen in die Hände, die Schlechtes im Sinn haben.

Natürlich können Sie nicht alle Probleme allein lösen, aber das verlangt auch niemand von Ihnen. Aber es lohnt sich, der sozialen Trägheit hin und wieder Paroli zu bieten. Setzen Sie sich ein Ziel und verfolgen Sie es. Kämpfen Sie für die schönen Dinge im Leben: für Liebe, Kreativität, Schönheit und Respekt. Oder kämpfen Sie gegen das Elend in der Welt: gegen Armut, Missbrauch, Hass, Diskriminierung und Demütigung. Sei es in Ihrem engen Umfeld oder in weiter Ferne. Zum Kämpfen brauchen Sie vielleicht ein wenig Wut. Und so soll die Wut das Thema des folgenden Kapitels sein.

Dilemma: Soll ich handeln oder nicht?

Wenn Sie einem Kind durch eine Spende von 25 Euro das Leben retten könnten, würden Sie es tun oder nicht? Wenn Sie das Leid armer Familien lindern könnten, indem Sie ein paar Stunden im Monat in einer Suppenküche arbeiten, würden Sie es tun? Wenn Sie die Einrichtung eines Bildungsprojekts für unterprivilegierte Kinder in Indien mit Ihrem Wissen unterstützen und ihnen dadurch eine bessere Zukunft ermöglichen könnten, würden Sie es tun?

Wir können mit unserem Geld, unserer Zeit und unserem Können sehr viel dazu beitragen, das Leid in der Welt zu lindern. Das würde nicht nur die Welt verbessern, sondern auch zu unserem persönlichen Glück und unserer Zufriedenheit beitragen. Warum tun wir es dann so selten?

Manchmal tun wir nichts, weil wir uns einfach nicht um das Schicksal unserer Mitmenschen scheren. Meistens jedoch möchten wir helfen, aber ein innerer Konflikt hindert uns daran. Dieser Konflikt wird von zwei starken Kräften gespeist: 1. unserem Wunsch zu helfen und 2. den egoistischen Gefühlen, die uns davon abhalten zu helfen. Denn anderen zu helfen hat immer einen Preis, koste es nun Zeit, Geld oder Kraft. Zeit, Geld und Kraft, die wir auch für uns selbst verwenden können. Wie lässt sich dieser Motivationskonflikt lösen? Oder besser noch: Wie können wir erreichen, dass sich die Waagschale in diesem Konflikt häufiger zur Seite der Hilfe neigt?

Indem wir etwas für unsere Selbstkontrolle tun, lautet die Antwort. Je besser wir unsere egoistischen Bedürfnisse kontrollieren können, desto eher tendieren wir dazu, anderen zu helfen. »Etwas für unsere Selbstkontrolle zu tun« klingt möglicherweise schwierig. Dabei genügt zur vorübergehenden Steigerung unserer Selbstkontrolle schon ein einfaches Mittel: Trinken Sie einfach eine Dose stark zuckerhaltiger Limonade. Das ist kein Scherz. Das ist wissenschaftlich erwiesen, u. a. von Nathan DeWall, Roy Baumeester und einigen ihrer Kollegen. Ihre Theorie ist simpel: Selbstkontrolle erfordert Energie. Steht jemandem eine große Menge an Energie zur Verfügung, verbessert sich auch seine Selbstkontrolle. Wenn die Energiemenge abnimmt, verschlechtert sie sich. Und mit Energie ist dabei genau jene Energie gemeint, die das Gehirn in Gang hält: Glucose.

Zur Lösung eines Konflikts, der Selbstkontrolle erfordert, beanspruchen wir die ventromediale präfrontale und die ventrale anteriore cinguläre Hirnrinde. Bei der Lösung von Konflikten verbrennen diese Hirnregionen Energie. Sie müssen beispielsweise dafür sorgen, dass eine der agierenden Kräfte, die Kraft des Egoismus, von einer anderen Kraft, der Motivation zu helfen, besiegt wird, was ihnen selbstverständlich eine Menge abverlangt. Sie brauchen also Energie, um ihre Aufgabe zu erfüllen, und diese Energie erhalten sie aus Glucose. Durch die Aufnahme von Zucker gelangt Glucose in unser Blut. Diese wird anschließend in Neurotransmitter umgesetzt, die für zahlreiche Prozesse im Gehirn von Bedeutung sind. Studien haben ergeben, dass die Glucosekonzentration im Blut bei Tätigkeiten, die Selbstkontrolle erfordern, sinkt – wie etwa beim Abnehmen oder dem Beherrschen von Wut. Eine absinkende Glucosekonzentration

erschwert in zunehmendem Maße die Wahrung der Selbstkontrolle. Matthew Galliat und sein Team konnten jedoch
nachweisen, dass zuckerhaltige Limonade den Glucosespie-
gel im Blut anhob und damit auf diese Weise die Selbstkontrolle steigerte (was erklärt, warum es so schwierig ist, abzu-
nehmen).

Nathan DeWall und seine Kollegen untersuchten die
Auswirkung von Limonade auf das Maß unserer Hilfsbereitschaft. Sie stellten fest, dass Personen, die zuvor eine Aufgabe
erledigt hatten, die viel Selbstkontrolle erfordert hatte, eine
geringere Bereitschaft zeigten, anderen zu helfen, als Personen, deren Selbstkontrolle noch nicht gefordert worden war.
Wenn die betreffenden Personen vor Erledigung der Selbstkontrolle erfordernden Aufgabe jedoch ein glucosereiches
Getränk zu sich genommen hatten, waren sie ebenso hilfsbereit wie Personen, deren Selbstkontrolle noch nicht gefordert worden war. Das glucosereiche Getränk hob ihr
Energieniveau so weit an, dass sie noch ausreichend Energie
zur Unterstützung anderer aufbringen konnten. Die Studie
stützt die Annahme, dass Selbstkontrolle im Gehirn viel
Energie verbraucht und wir daher weniger hilfsbereit sind,
wenn wir diese Energie schon für andere Aufgaben genutzt
haben. Eine extra Portion Zucker kann dieser erhöhten sozialen Trägheit kurzfristig entgegenwirken und die Lust zu
helfen steigern.

Wenn unsere Hilfsbereitschaft gefordert ist, durchleben
wir fast immer das »Ich möchte ja gerne helfen, aber die Mühen und Kosten sind mir zu viel«-Dilemma. Um die Chancen für Hilfsbereitschaft bei Entscheidungen in einer solchen Situation zu erhöhen, brauchen wir Energie – die in
unserem hektischen Alltag oftmals rar geworden ist. Ein
Glas Cola oder Orangenlimonade kann die Situation möglicherweise kurzfristig verbessern und uns großzügiger stim-

men, bevor wir im Fernsehen eine Spendenaktion für einen guten Zweck verfolgen, aber natürlich ist das nicht wirklich eine Lösung. Ein weniger hektisches Leben würde es uns ermöglichen, die Energie gleichwertig aufzuteilen zwischen dem, was wir glauben, für uns selbst tun zu müssen, und dem, was wir für andere tun, und damit unser prosoziales Verhalten und unser Lebensglück strukturell fördern.

WUT

Meine Frau, das außerirdische Wesen

Stellen Sie sich vor, Sie liegen gemütlich schlafend in Ihrem Bett, Ihre Frau neben Ihnen. Glauben Sie zumindest, bis Sie Ihre Augen öffnen und entsetzt feststellen, dass neben Ihnen ein geschupptes Wesen schlummert, das ganz sicher nicht Ihre Frau ist, auch wenn es ihr irgendwie ähnlich sieht. Nach dem ersten Schrecken wird Ihnen schließlich klar, dass dieses Wesen von der Seele Ihrer Partnerin Besitz ergriffen hat. Von Wut gepackt beschließen sie, zum Angriff überzugehen und das Wesen zu töten.

Wenn Sie glauben, solche Geschichten gäbe es nur in Science-Fiction-Romanen und -Filmen, täuschen Sie sich – für Menschen wie Herrn A. sind sie Realität. Außerirdische Wesen mit reptilienhaftem Äußeren spielen in Herrn A.s Leben schon lange eine große Rolle: Seit seinem fünfundzwanzigsten Lebensjahr versuchen sie, sich seiner Gedanken zu bemächtigen, doch nun haben sie es seit einer Weile offenbar auf seine Frau abgesehen. Manchmal ergreifen sie völlig von ihr Besitz. Die Transformation seiner Frau zu einem außerirdischen Wesen beginnt mit einer Art psychologischer Übernahme, bei der zunächst ihr Geist vereinnahmt wird. Anschließend zeigen sich körperliche Veränderungen, ihre Haut wird reptilienartig und verfärbt sich über

Dunkelbraun zu Grün. Ihre Augen verkleinern sich und nehmen eine rote Färbung an, ihr Kinn schrumpft. Auch wenn diese körperlichen Veränderungen nur wenige Minuten währen, weiß Herr A., dass seine Frau innerlich viel länger ein außerirdisches Wesen bleiben wird: manchmal einige Tage, zuweilen auch ein paar Monate lang.

Natürlich verursachen ihm diese Wahrnehmungen Angst. Und auch Wut. Wut, die ihn schon so manches Mal aggressiv gemacht hat. Einmal zum Beispiel, als er beim Aufwachen sofort bemerkte, dass sie sich wieder in ein außerirdisches Wesen verwandelt hatte, schossen seine Hände nur so zu ihrem Hals, um sie zu erwürgen. Oder damals, als er zum wiederholten Male sogar mit ansehen musste, wie sie sich in einen Alien verwandelte – da schlug er ihr mit einem Hammer auf den Kopf. In der Welt von Herrn A. geschehen auch andere seltsame Dinge. Einmal verwandelte er sich sogar selbst eine Woche lang mental in einen seiner Bekannten. Und er ist keineswegs der Einzige, bei dem sich solche Dinge abspielen.

Herrn B. passiert Ähnliches. Seine Eltern sehen zwar immer noch aus wie seine Eltern, aber er ist sich sicher, dass sie nicht mehr sie selbst sind. Er hat nämlich entdeckt, dass es vier Kopien von seiner Mutter und seinem Vater gibt, die zwar fast völlig identisch mit ihnen sind, bei genauem Hinschauen jedoch subtile Unterschiede offenbaren. Die Haut der Elternimitate ist glatter und wirkt, als sei sie aus Plastik. Außerdem hat er bemerkt, dass die Haut der Elternimitate manchmal die Farbe ändert und dass sich ihre Gesichter asymmetrisch verformen. Er glaubt, die Kopien seiner Eltern sind mithilfe plastischer Chirurgie geschaffen worden und die eine Mutterkopie sei eigentlich ein Mann. Er hat schon versucht, diese Mutterkopie mit ihrem dicken Hals zu erwürgen – das dabei deutlich hörbare Knacken bestätigte ihm, was er schon lange geahnt hat: Ihr Hals ist nur aus Plastik. Herrn B.s Mutter überlebte die Attacke, weil Familienmitglieder eingriffen.

Nach Herrn B.s Ansicht haben auch andere Menschen, z. B. sein Bruder, Doppelgänger. Auch diese Doppelgänger machen ihn wütend. Kopien gibt es aber nicht nur in seiner Familie, Herr B. weiß, dass auch für eine der Krankenschwestern, für einige bekannte Sportler und für Präsident Clinton Roboterdoubles existieren, so wie es für die Präsidenten Carter, Nixon, Kennedy, Roosevelt, die Vizepräsidenten Quayle und Gore und sogar für Papst Johannes Paul II. identisch aussehende Puppen gab. Es gibt zudem Polizistenimitate, die ihn so wütend machen, dass er sie immer wieder attackiert. Von ihm selbst gibt es fünf Kopien, so Herr B. Jede dieser Kopien hat ihren eigenen Willen. Außerdem gibt es fünf Kopien der Stadt, in der er lebt, und fünf Kopien der ganzen Welt.

Es ist an dieser Stelle vermutlich überflüssig zu erwähnen, dass Herrn A.s Frau sich nicht wirklich in ein außerirdisches Wesen verwandelte und die Menschen in Herrn B.s Umgebung nicht wirklich Kopien waren. So realistisch diese Phänomene für die Betroffenen auch sein mögen, entsprechen sie nicht der Wirklichkeit, sondern sind auf Wahrnehmungsstörungen zurückzuführen. Die hier beschriebenen Männer, die Arturo Silva und seine Kollegen vor einiger Zeit im *Journal of Forensic Sciences* vorgestellt haben, leiden am sogenannten Delusional-Misidentification-Syndrom. Betroffene Patienten sind fest davon überzeugt, sie selbst oder eine Person aus ihrem Umfeld hätten sich psychisch und/oder physisch so verändert, dass sie eine neue Identität angenommen hätten. Eine Teilform dieses Syndroms wird als Intermetamorphose-Syndrom bezeichnet. Hier glaubt der Patient, eine andere Person habe psychisch und physisch ihre Identität geändert. Das bekannteste Krankheitsbild aus dieser Syndromgruppe aber ist vermutlich das Capgras-Syndrom. Die Betroffenen sind davon überzeugt, eine oder mehrere Personen in ihrem Umfeld hätten eine neue psychische Identität angenommen, ohne sich äußerlich zu verändern. Die Patienten glauben, mit Doppelgängern oder Betrügern konfrontiert zu sein.

Wenn wir uns einmal in die Perspektive eines solchen Patienten hineinversetzen, ist es durchaus verständlich, dass diese vermeintlichen Betrüger Angst und Wut auslösen, die zu aggressiven Attacken führen können. Phasenweise (wenn er glaubte, der Geist seiner körperlich unveränderten Frau werde von einem außerirdischen Wesen beherrscht) litt Herr A. unter dem Capgras-Syndrom, in anderen Phasen wiederum (wenn er sah, dass sich ihr Körper in eine Art Reptil verwandelte oder verwandelt hatte) litt er unter dem Intermetamorphose-Syndrom. Auch Herr B. war am Capgras-Syndrom (wenn er dachte, es gebe von zahlreichen Personen körperlich identische Replikate mit neuen Identitäten) und am Intermetamorphose-Syndrom (wenn er den Eindruck hatte, dass sich die körperlichen Eigenschaften seiner Elternimitate veränderten oder bereits verändert hatten) erkrankt.

Wir wissen nicht genau, was im Gehirn der Patienten anders abläuft, die an einer Form des Delusional-Misidentification-Syndroms leiden, es gibt aber verschiedene Hypothesen dazu. Einige Wissenschaftler vermuten, dass dieses Syndrom vorwiegend bei Patienten auftritt, deren rechte Hirnhälfte geschädigt ist; andere betonen bei ihrer Ursachenforschung die Bedeutung des Vorderhirns. Professor Vilayanur Ramachandran nimmt an, dass beim Capgras-Syndrom die Verbindung zwischen dem für die Gesichtserkennung zuständigen fusiformen Gyrus und der Amygdala, die den wahrgenommenen Gesichtern emotionale Bedeutung verleiht, gestört ist. Er geht davon aus, dass Patienten mit dem Capgras-Syndrom Gesichter zwar wiedererkennen, ihnen jedoch keine emotionale Bedeutung beimessen können. Sie sehen das Gesicht ihrer Mutter, erkennen es auch, empfinden aber nichts dabei. Sie ziehen also unwillkürlich den Schluss, dass diese Frau, obwohl sie ihrer Mutter gleicht, nicht ihre Mutter sein kann, weil ihr Anblick bei ihnen selbst keinerlei Gefühl auslöst. In seinen Untersuchungen entdeckte Ramachandran, dass die emotionale Reaktion von Patienten mit dem Capgras-Syndrom beim Anblick bekannter Gesichter tatsächlich gestört war. Um herauszufinden, was im Gehirn von Menschen mit dem Capgras-Syndrom und anderen Formen des Delusional-Misidentification-Syndroms genau vorgeht, bedarf es allerdings noch weiterer eingehender Forschung.

Die Fälle von Herrn A. und Herrn B. sind sicherlich extreme Beispiele dafür, wie Wahrnehmungsstörungen Wut und Aggression auslösen können. Wut geht jedoch sehr häufig auf Wahrnehmungsstörungen zurück. Schon der Gedanke an Konflikte wie den zwischen Israel und Palästina oder auch bloß an einen Streit darüber, ob ein Aufschlag beim Tennis innerhalb oder außerhalb der Außenlinie aufgekommen ist, verdeutlicht die Bedeutung der Wahrnehmung für das Gefühl von Wut. Wie man Dinge betrachtet und worüber man in Wut gerät, hängt nicht selten von der Seite ab, auf der man steht. Unsere Wahrnehmung muss, wie bei Patienten mit dem Capgras-Syndrom, nicht immer der Realität entsprechen. Eigentlich entspricht das, was wir wahrnehmen, sogar nie der Realität! Zu objektiver Wahrnehmung ist unser Gehirn gar nicht in der Lage! Alles, was wir wahrnehmen, kommt verzögert und verzerrt bei uns an und wird von früheren Erfahrungen, gegenwärtigen Verhaltensweisen sowie Hoffnungen und Wünschen für die Zukunft zusätzlich gefärbt. Objektive Wahrnehmung ist ebenso wie objektive Wut nichts als reine Illusion.

Wut im Gehirn

Ein Blick auf unsere Wut

Erinnern Sie sich daran, wie Sie das letzte Mal wütend waren? Warum wurden Sie wütend? Weil Ihnen jemand vorsätzlich Steine in den Weg gelegt hatte, weil man Sie enttäuscht hatte oder weil Sie körperlich oder psychisch angegriffen worden waren? Die Wahrscheinlichkeit ist hoch, dass Sie wütend wurden, weil Ihre Pläne vereitelt wurden und Sie etwas verteidigen wollten: Ihren Besitz, Ihren Körper, Ihren guten Namen, Ihre Ideen, Ihre Wünsche, Ihre Kinder oder Ihr Recht – um nur einige Punkte zu nennen. Wut entsteht durch eine Interaktion zwischen uns und unserer Umgebung und hängt zum Teil davon ab, wie wir Dinge und Geschehnisse in unserer Umgebung wahrnehmen. Wahrnehmungsunterschiede sind verantwortlich dafür, dass jemand etwas als Scherz abtut, was ein anderer als Beleidigung auffasst. Sie erklären auch, warum eine Person in bestimmten Situationen wütend wird, während eine andere für dieselbe Situation nicht mehr als ein Schulterzucken übrig hat, weil sie sie anders wahrnimmt und sich nicht angegriffen fühlt.

Wut ist eine kraftvolle Emotion, sie übt starken Einfluss auf andere aus. Wut erzeugt Wut, wie der Emotionsexperte Paul Ekman sagt. Wut ist immer mit Verletzung und Schmerz verbunden: einerseits mit einem inneren Schmerz, der dem

Gefühl entspringt, dass uns etwas angetan wurde, andererseits aber auch mit dem Wunsch, anderen körperliche oder emotionale Schmerzen zuzufügen, ihren Schwachpunkt zu suchen und sie genau dort zu treffen. Ersterer ist also mit der emotionalen Erfahrung von Wut verbunden, Letzterer, also die Reaktion auf das Gefühl, dass uns etwas angetan wurde, beschreibt hingegen eher jene Verhaltensseite, die wir gewöhnlich als Aggression bezeichnen.

Wut hat noch eine weitere kraftvolle Eigenschaft: Sie sorgt im wahrsten Sinne des Wortes dafür, dass wir manches nicht mehr klar sehen. Wut vermindert unsere Aufnahmebereitschaft für Informationen aus der Umgebung und drosselt unsere Reaktionsgeschwindigkeit – ein Effekt, der durch Alkohol und Drogen noch zusätzlich verstärkt wird. Wut macht uns zwar nicht immer vollkommen blind, häufig aber kurzsichtig.

Wie vielen anderen Sünden sind wir auch der Wut gegenüber zwiegespalten. Wir betrachten sie oft als etwas Unvermeidliches, als genetisch vererbtes Resultat natürlicher Selektion. Als ein Gefühl, gegen das wir nicht ankommen, das sich manchmal sogar gut für uns auswirkt. Sorgt nicht unsere Wut dafür, dass wir Angst und Schmerzen verdrängen und aktiv werden? Dass wir für uns selbst einstehen, soziales Unrecht bekämpfen, uns Gefahren entgegenstellen und schützen, was uns wert und teuer ist? Wut wird gesellschaftlich sogar verherrlicht, unsere Helden sind meist wütend und gewalttätig, seien es nun Rambo, Lara Croft, Hamlet oder Avatar. Wir erziehen unsere Kinder zur Wut. Wir lehren sie schon in jungen Jahren, sich nicht die Butter vom Brot nehmen zu lassen, in allem immer die Besten zu sein und auf ihren Rechten zu bestehen, und erziehen sie so zu einem Verhalten, das sich an Status und Besitz orientiert – Inhalte, die häufig im Zentrum der Wut stehen. Außerdem füttern wir sie täglich mit Computerspielen, Berichten und Filmen, die vor Wut und Aggression nur so strotzen. Und wir bieten ihnen mit unserem eigenen Verhalten häufig noch ein weiteres wütendes Vorbild.

Andererseits wissen wir, dass Wut schädlich ist, dass sie weder mit unseren sozialen Normen noch mit unseren moralischen Prinzipien im Einklang steht und dass sie nicht nur bei anderen, sondern auch bei uns selbst zu Tod und Verderben führt. Wut ist auch selbstzerstörerisch, sie kann uns völlig verzehren und uns das Leben vergällen. Ein wütendes Gehirn hat keinen Sinn für Freude und Genuss. Wut raubt uns den Schlaf und fokussiert all unsere Gedanken auf eine einzige Sache. Wut kann uns völlig in ihren Bann ziehen, unser Denken vernebeln und unser Handeln in Ketten legen. Wut kommt manchmal wie ein Freund daher, doch kann sie sich zugleich auch als unser größter Feind erweisen. Sie kann uns schützen, uns aber auch alle Lebenslust rauben. Wie also sollen wir mit unserer Wut umgehen? Sollen wir sie akzeptieren oder verbannen? Nähren oder ersticken? Respektieren oder verachten? Gibt es vielleicht einen Mittelweg? Und haben wir überhaupt eine Wahl?

Wie fühlt sich Wut an?

Für einen angemessenen Umgang mit unserer Wut müssen wir erst einmal das Gefühl von Wut in uns selbst wahrnehmen. Am besten kann ich erklären, wie sich Wut anfühlt, indem ich Sie ein bisschen wütend mache. Ich verwende dazu eine von Paul Ekman beschriebene Technik, die auf Facial Feedback gründet. Dieses beruht auf der Annahme, dass unsere Mimik unsere Emotionen beeinflusst – eine Auffassung, die schon auf Darwin zurückgeht und mehrfach untersucht worden ist. Verziehen wir unsere Gesichtsmuskeln zu einem Lächeln, werden wir fröhlicher. Machen wir ein trauriges Gesicht, fühlen wir uns trauriger. Ekman beschreibt in seinem Buch *Gefühle lesen* detailliert, wie man seinem Gesicht einen wütenden Ausdruck verleihen kann und die damit verbundenen Gefühle. Ich möchte diese Instruktionen hier wiedergeben und Sie bitten, sich darauf zu konzentrieren, wie sich Wut in Ihrem Gesicht anfühlt und welche emotionalen und körperlichen Konsequenzen sich daraus eventuell ergeben. Folgen Sie den Anweisungen am besten vor einem Spiegel, um überprüfen zu können, ob Sie alle Bewegungen richtig ausführen.

Ziehen Sie Ihre Augenbrauen zusammen. Ziehen Sie außerdem die Innenwinkel der Augenbrauen zur Nase hin nach unten.

Halten Sie Ihre Augenbrauen gesenkt und versuchen Sie, die Augen weit aufzureißen. Starren Sie sich intensiv im Spiegel an. Spüren Sie, wie Ihre oberen Augenlider gegen die Innenwinkel der Augenbrauen drücken.

Kontrollieren Sie, ob Sie die Bewegungen richtig ausführen. Entspannen Sie dann kurz Ihre obere Gesichtshälfte, um sich auf die untere Hälfte zu konzentrieren.

Pressen Sie jetzt Ihre Lippen zusammen, ohne sie zusammenzuziehen, und spannen Sie sie dabei an.

Ziehen Sie nun wieder die Augenbrauen zusammen, reißen Sie die Augen weit auf, bis die Augenlider gegen die Augenbrauen drücken, und starren Sie sich mit zusammengepressten Lippen intensiv an.

Bleiben Sie in dieser Haltung und konzentrieren Sie sich auf Ihr Gefühl.

Wenn Sie es richtig machen, fühlen Sie, wie in Ihrem Gesicht und vielleicht auch in anderen Körperteilen Druck, Temperatur und Anspannung steigen. Vermutlich beschleunigen sich Herzschlag und Atmung, Ihr Gesicht läuft rot an. Höchstwahrscheinlich pressen Sie auch Ihre Kiefer zusammen und recken Ihr Kinn nach vorne. Blicken Sie noch einmal in den Spiegel und überprüfen Sie, ob Ihre Lippen nicht vielleicht doch schmaler wirken. Nach Paul Ekman ist die Schmälerung des roten Lippenrandes eines der ersten Anzeichen von Wut. Wenn es Ihnen gelingt, die Empfindungen und Signale von Wut wahrzunehmen, können Sie Ihre eigene Wut leichter in den Griff bekommen und zudem die Wut anderer leichter erkennen. Außerdem gewinnen Sie ein wenig Zeit, um sich zu überlegen, wie Sie darauf reagieren können.

Wir wissen nun, wie es sich anfühlt und wie es aussieht, wenn wir wütend werden. Aber was spielt sich dann eigentlich in unserem Gehirn ab? Dazu gibt es erstaunlicherweise nur sehr wenige Studien. Vielleicht liegt das daran, dass die Probanden bei solchen Untersuchungen erst einmal wütend gemacht werden müssen, während sie im Hirnscanner liegen. Wie soll das gehen? Am einfachsten lassen sich Menschen durch Beleidigungen in Rage versetzen – eine Erkenntnis, die Thomas Denson und seine Kollegen in ihrer Studie dankbar aufgegriffen haben. Sie behandelten ihre Probanden, als seien sie geistig entwicklungsverzögert und nicht einmal dazu imstande, die simpelsten Anweisungen zu befolgen. Sie beleidigten sie, bis sie böse wurden. Die Hirnscans zeigten, dass die linke dorsale anteriore cinguläre Hirnrinde umso stärker arbeitete, je wütender sie wurden.

Wie wir im vorhergehenden Kapitel bereits gesehen haben, ist dieser Teil des Gehirns Teil des Schmerznetzwerks, er wirkt an der Intensität sowohl körperlicher als auch sozialer Schmerzen mit. Er fungiert auch als eine Art neuronales Alarmsystem, das sich einschaltet, sobald der Betroffene merkt, dass etwas anders läuft als erwartet. Andere Studien zeigen, dass bei Wut auch die orbitofrontale/ventromediale präfrontale Hirnrinde, die posteriore cinguläre Hirnrinde, die laterale präfrontale Hirnrinde, die Amygdala, die Insula und der Thalamus eine wichtige Rolle spielen. Denson wies nach, dass in den Gehirnen der Probanden schon wenige Sekunden nach einer Beleidigung unterschiedliche Reaktionen sichtbar wurden, anhand derer man mehr oder weniger gut voraussagen konnte, wie sie mit der Beleidigung umgehen würden. Menschen, die auf Beleidigungen sofort wütend reagieren, zeigen im Allgemeinen eine stärkere Aktivität in der dorsalen anterioren cingulären Hirnrinde, während bei Menschen, die ihren Ärger eher in sich hineinfressen, Areale wie die mediale und laterale präfrontale Hirnrinde aktiver sind. Zu den Aufgaben dieser Hirnregionen gehört es, uns unsere negativen Emotionen bewusst zu machen und sie zu regulieren sowie über uns selbst nachzudenken. Kenntnisse darüber, was in unserem wütenden Gehirn vorgeht und wie diese Prozesse mit unserem Verhalten zusammenhängen, können uns mit der Zeit dazu befähigen, auf unsere Wut und Aggression bewusst einzuwirken.

Wut beeinflussen

Eben haben Sie im Spiegel Ihr wütendes Gesicht betrachtet. Wenn Sie allerdings einem Menschen gegenüberstehen, der Sie gerade in Rage gebracht hat, können Sie einen weiteren wichtigen Aspekt der Wut wahrnehmen: Der Umgang mit Menschen, denen es gelingt, uns wütend zu machen, weckt in uns häufig die Lust, die Konfrontation mit diesen Menschen zu suchen, man könnte in gewisser Weise sogar sagen, dass Wut uns dazu anstachelt. Diese Tendenz gehört evolutionär betrachtet zu unserer Kampf-oder-Flucht-Reaktion in Gefahrensituationen. Bei primitiven Tieren wird diese vom evolutionär älteren limbischen Emotionsnetzwerk des Gehirns gesteuert, in dem die Amygdala eine wichtige Rolle spielt. Für die menschliche Wut hat im Verlauf von hundert Millionen Jahren Evolution die Hirnrinde an Bedeutung gewonnen. Vor allem die präfrontale Hirnrinde, zu der auch die orbitofrontale und ein Teil der anterioren cingulären Hirnrinde gehören, spielt dabei eine Rolle. Gemeinsam mit der Amygdala und der Insula kontrolliert sie unsere Wut und reguliert auch die Reaktion darauf. Nun, da wir damit nicht mehr ausschließlich von reflexhaften Verhaltensweisen abhängig sind, ermöglicht uns dieser Kontrollmechanismus, viel flexibler und konstruktiver auf Situationen zu reagieren, die uns wütend machen.

Es gibt starke individuelle Unterschiede in der Intensität und der Regulation von Wut. Limbische Strukturen wie die Amygdala werden bei manchen Menschen, bei denen die hemmende Wirkung der orbitofrontalen Hirnrinde gering ist, schneller stimuliert als bei anderen, sodass sie schneller in Wut geraten. Zudem scheint sich die Größe der Amygdala auf die Intensität unserer Wut auszuwirken. Patientenstudien zeigen die individuell divergierende Ausprägung von Wut und die Bedeutung des Zusammenspiels zwischen der Amygdala und der präfrontalen Hirnrinde für die Wutregulation. Die Probanden dieser Studien sind Patienten mit einer von Wut und Aggression geprägten Vorgeschichte, z. B. Patienten mit Depressionen und Wutausbrüchen, oder

Menschen mit Borderline-Störungen, die häufig mit großer Wut einhergehen, oder Patienten mit Wut evozierenden Wahrnehmungsstörungen sowie Patienten, die unter Epilepsie leiden und während der Anfälle manchmal sehr wütend werden. Bei all diesen Betroffenen sind Veränderungen im Wutregulationssystem des Gehirns erkennbar.

Offensichtlich entscheidet das Zusammenspiel der evolutionär jüngeren präfrontalen Hirnregionen mit den älteren an Wut beteiligten Hirnregionen wie der Amygdala darüber, wann und wie schnell jemand wütend wird. Manche Menschen werden durch die Kooperation dieser Areale eher wütend und aggressiv als andere, wobei auch den Genen Bedeutung zukommt. Die Aggressionsforschung konnte jedoch nachweisen, dass Umgebungsfaktoren mit den genetischen Bausteinen für Wut und Aggression interagieren, sodass sich bei gleicher genetischer Veranlagung ein gewisses Spektrum unterschiedlicher Verhaltensweisen ergeben kann. Die genetische Anlage wird abhängig von Umgebungsvariablen wie dem Geschwisterverhältnis, dem (anti-)sozialen Verhalten der Eltern, dem Stressfaktor in der Familie, den eigenen Gewalterfahrungen, der Reaktion des Umfelds auf das eigene Verhalten sowie zahlreichen anderen früher oder später auftretenden Umgebungsfaktoren geprägt. Obwohl Wut also genetisch bedingt ist, ist sie in gewissem Grad auch beeinfluss- und kontrollierbar. Allerdings wird auch unser Lernpotenzial zur Regulierung von Wut von unseren Genen mitbestimmt. Die Forschung zu Wutkontrolle steckt noch in den Kinderschuhen und beschränkt sich zumeist auf die Erforschung von Aggression und Reaktionen auf wütende Gesichtsausdrücke. Dennoch gibt es einige interessante und relevante Untersuchungsergebnisse, die ich Ihnen hier vorstellen möchte:

Wir können unsere Wut auf zwei Arten dämpfen: 1. indem wir nicht ständig an die Dinge denken, die uns wütend machen, und 2. indem wir das, was die Wut ausgelöst hat, in einem anderen Licht betrachten. Bei den meisten Menschen legt sich das Wutgefühl innerhalb einer Viertelstunde, manche aber denken – meist unfreiwillig – unentwegt weiter an das Geschehene. Dadurch steigern sie sich in ihre Wut hinein und werden eher noch aggressiver. Dieses Verhalten aktiviert wiederum die Amygdala, die zu den evolutionär älteren Emotionsarealen zählt. Gleichzeitig nimmt die Aktivität in der evolutionär jüngeren orbitofrontalen Hirnrinde, die eine regulative Funktion ausübt, ab. Unterschiedliche Studien zur Emotionsregulation belegen, dass das bewusste Unterdrücken von Emotionen oder der Versuch, eine Situation in einem anderen, positiveren Licht zu betrachten, oft mit gesteigerter Aktivität in den präfrontalen regulierenden Hirnregionen einhergeht und weniger von negativen Gefühlen begleitet ist. Die ständige Konzentration auf die Wut auslösenden Dinge zieht nicht nur Aggression, sondern in der Folge möglicherweise auch Nikotinsucht, Depressionen und Angst nach sich. Hier wird die Bedeutung der Loslösung von Gedanken an die Wut und ihre Auslöser deutlich. Oft ist es sehr schwierig, sich selbst aktiv von diesen Gedanken zu lösen. Es kann mitunter hilfreich sein, Unterstützung in Anspruch zu nehmen und ein Wutbewältigungstraining zu besuchen, um die eigene Wut zu erkennen, die Auslöser der Wut wahrzunehmen, sie zu interpretieren und Problemlösungsfertigkeiten zu erlernen. Wenn der Betroffene diese Fertigkeiten gut erlernt und einübt, was natürlich ein wenig Anstrengung erfordert, wird sich das wutregulierende System seines Gehirns so entwickeln, dass er mit seiner Wut besser umgehen kann.

Wenn jemand Sie wütend macht und Sie sich einfach nicht mehr von dem Gedanken an Ihre Wut lösen können, ist Vergebung sicherlich der effektivste Weg, die Wut loszuwerden. Das klingt zunächst vielleicht etwas salbungsvoll, aber Vergebung aktiviert im Gehirn sowohl Bereiche des wutregulierenden Netzwerks als auch verschiedene Wahrnehmungsregionen, und moduliert darüber hinaus unser Schmerz- und Belohnungsnetzwerk. Diese neuronalen Veränderungen befreien uns von der Wut und den damit verbundenen Schmerzen und schaffen so Raum für positivere Gefühle. Manche Wissenschaftler bezeichnen Vergebung daher auch als ein natürliches Medikament gegen Stress und Schmerz, das es in der Evolution schon gegeben hat, lange bevor wir Stress und Schmerz mit pharmakologischen Medikamenten oder psychologischen Interventionen zu Leibe rücken konnten.

Vergebung ist nichts Nebulöses, das sich rein zufällig ergibt oder ausbleibt. Und Vergebung heißt auch nicht, dass wir Dinge, die uns missfallen, einfach gutheißen, beschönigen oder dulden. Vergebung ist vielmehr eine schrittweise erlernbare Problemlösungskompetenz, die auf Veränderungen unserer Kognition, Emotion, Motivation und unseres Verhaltens abzielt. Mehrere Studien belegen die positiven körperlichen und psychischen Effekte von Vergebung. Sie wirkt sich unter anderem positiv auf das kardiovaskuläre System aus, erzeugt positive Gefühle, mindert Stress, reduziert Schmerzen, fördert die persönliche Entwicklung und verringert – last but noch least – unsere Wut. Obwohl Vergebung nach Ansicht einiger Wissenschaftler großes Potenzial in sich birgt, findet sie im Gesundheitswesen noch wenig Beachtung.

Eine ähnliche Methode der Aggressionsvermeidung bei Wutgefühlen besteht darin, sich aktiv um Empathie für denjenigen zu bemühen, der unsere Wut entfacht. Eddie Harmon-Jones zeigte, dass sich die Aktivität in der linken frontalen Hirnrinde erhöht und die in der rechten frontalen Hirnrinde vermindert, wenn wir beleidigt werden. Wenn die linke frontale Hirnrinde sehr aktiv ist, neigen wir oft dazu, die Konfrontation mit dem Objekt unserer Wut zu suchen. Die Aktivität in der linken präfrontalen Hirnrinde scheint sich vor allem dann zu erhöhen, wenn wir glauben, dass wir an der Situation, die uns wütend macht, etwas ändern können. Harmon-Jones wies auch nach, dass dieser Effekt einer erhöhten Aktivität in der linken frontalen Hirnrinde und einer verminderten Aktivität in der rechten frontalen Hirnrinde aufgehoben wird, wenn wir für denjenigen, der uns beleidigt hat, Sympathie aufbringen können. Bei einer Beleidigung empfinden wir zwar die gleiche Wut, unabhängig davon, ob wir die beleidigende Person sympathisch oder unsympathisch finden, doch wenn wir sie sympathisch finden, haben wir weniger das Bedürfnis, die Konfrontation mit ihr zu suchen, und neigen eher dazu, uns aus der Situation zurückzuziehen. Ob wir bei Wutgefühlen zum Angriff übergehen oder die Flucht ergreifen, hängt also stark vom Zusammenspiel der linken und rechten frontalen Hirnrinde ab, das sich wiederum durch das Maß an Sympathie beeinflussen lässt, das wir jemandem entgegenbringen.

Am Ende dieses Abschnitts soll nicht die Beschreibung einer empfehlenswerten Wutregulierungstechnik stehen, sondern eine besondere Erkenntnis, die ich Ihnen nicht vorenthalten möchte. Studien belegen, dass Nikotin die Wut von Menschen, die zu starker Feindseligkeit neigen, verringert. Das trifft sowohl für Raucher als auch für Nichtraucher zu. Man geht davon aus, dass bei sehr aggressiv reagierenden Menschen das wutregulierende Netzwerk des Gehirns gestört ist und dass Nikotin dieses Netzwerk beeinflusst. Daher haben sehr aggressiv reagierende Raucher in Situationen, die sie wütend machen, oft ein starkes Bedürfnis nach Nikotin. Nikotin fungiert bei ihnen als eine Art Medikament, das die Störung des emotionsregulierenden Netzwerks in ihrem Gehirn normalisiert und so ihre Wut verringert.

Ich möchte Sie hier natürlich nicht dazu animieren, bei Wutgefühlen zu rauchen, sondern Ihnen lediglich verdeutlichen, warum es für Menschen, die ihre Wut schwer in den Griff bekommen, so schwierig ist, mit dem Rauchen aufzuhören. Da Nikotin ihnen bei der Regulierung ihrer Wut hilft, sind diese Menschen zunächst gefährdet, mit dem Rauchen anzufangen, und später laufen sie eher Gefahr, nikotinabhängig zu werden. Nach Auffassung des Wissenschaftlers Jean-G. Gehricke kann ihnen jedoch mit Raucherentwöhnungsprogrammen geholfen werden, in denen sie lernen, ihre Wut zu regulieren, ohne auf Nikotin zurückzugreifen.

Die Kraft der Wut

Wir haben gesehen, dass an unserer Wut zum einen das Schmerznetzwerk, zum anderen aber auch das Vorderhirn beteiligt ist. Dieser vordere Bereich des Gehirns, der bei Wutgefühlen ebenfalls aktiv ist, macht es uns möglich, unser wütendes Verhalten zu regulieren. Er erschließt uns ein größeres Repertoire adaptiver Verhaltensweisen.

Es sollte zudem deutlich geworden sein, dass das Zusammenspiel dieser zahlreichen Hirnregionen bestimmt, wann und wie schnell wir wütend werden. Dieses Zusammenspiel wird sowohl von unseren Genen als auch von Umgebungsfaktoren geprägt. Menschen, die ihre Wut nur schwer im Zaum halten können, können auf verschiedene Methoden zur Wutregulation zurückgreifen, mit denen sie auf das wutregulierende Netzwerk ihres Gehirns einwirken können.

Doch ebenso wie das Tempo, in dem wir in Wut geraten, hängt auch unser Lernerfolg bei der Wutregulation teilweise von unseren Genen ab. Den Umgang mit der eigenen Wut zu erlernen ist daher für manche Menschen schwieriger als für andere. Doch auch wenn es schwerfällt, die Wut im Zaum zu halten, lohnt sich die Mühe, es zu versuchen.

Wut entsteht, wenn Dinge nicht so laufen, wie wir es uns wünschen. Sie baut sich meist langsam auf und kann schließlich einen Siedepunkt erreichen, an dem sie aus uns herausbricht. Ein Trick besteht nun darin, diesen Siedepunkt zu vermeiden, indem wir unsere Wut schon im Frühstadium wahrnehmen und konstruktiv mit ihr umgehen. Zu diesem Zeitpunkt besteht noch eine Chance, die Wut und das daraus resultierende Verhalten unter Kontrolle zu bringen, deshalb sollten wir sie als Signal zum Eingreifen nutzen. Sie sollten sich in dieser Anfangsphase fragen, warum Sie wütend geworden sind. Fühlen Sie sich beleidigt oder unverstanden? Haben Sie Angst vor körperlichen Beeinträchtigungen oder dem Ende einer wichtigen Beziehung? Werden Sie aus irgendeinem Grund in Ihren Plänen gestört? Nehmen Sie die Situation richtig wahr? Wenn Sie in diesen Punkten Klarheit gewonnen haben, können Sie weiter darüber nachdenken, wie Sie am besten mit der Situation umgehen. So kann Wut eine positive Kraft entfalten, die Sie dazu motiviert, mit der Quelle der Wut konstruktiv umzugehen und positive Veränderungen zu bewirken.

Die sieben Sünden werden manchmal in kaltblütige und heißblütige Sünden eingeteilt. Kaltblütige Sünden gehen auf psychische Leidenschaften oder den Mangel an psychischer Beteiligung zurück. Zu ihnen zählen Habsucht, Neid, Hochmut und Trägheit. Heißblütige Sünden entstehen dagegen aufgrund körperlicher Leidenschaften. Die erste der heißblütigen Sünden – die Wut – habe ich gerade behandelt. Bei der folgenden heißblütigen Sünde wird der Zusammenhang mit körperlicher Leidenschaft noch offensichtlicher: Nach dem folgenden Botox-Dilemma werde ich mich mit der Lust befassen.

Dilemma: Botox gegen Wut

Es gibt unterschiedliche Methoden, Wut zu bekämpfen und zu kontrollieren. Einige davon, etwa Empathie oder Vergebung, nutzen dazu prosoziale Gefühle, die wegen ihrer positiven Auswirkungen die Evolution überdauert haben. Es gibt jedoch auch eine modernere Methode, die Wut im Zaum zu halten; eine Methode, die auf der bereits erwähnten Facial-Feedback-Theorie basiert. Diese Theorie geht, wie beschrieben, davon aus, dass unsere Mimik die Gefühle beeinflusst. Ein positiver Gesichtsausdruck führt demnach zu positiven Gefühlen, ein negativer zu negativen Gefühlen. Wir können durch einen wütenden Gesichtsausdruck also das eigene Wutgefühl verstärken. Man kann das Ganze aber auch umdrehen. Wenn wir nicht mehr so wütend aussehen, lässt auch die Wut nach. Wie schaffen wir das? Wie können wir einen wütenden Gesichtsausdruck vermeiden?

Durch die Verwendung von Botox. Murad Alam und seine Kollegen schildern in einem aktuellen Artikel, dass Botoxinjektionen, mit denen man gewöhnlich Krähenfüße und Stirnfalten bekämpft, auch das Zusammenziehen der Augenbrauen und bestimmte negative Gesichtsausdrücke – etwa eine wütende Mimik – verhindern können. Denn Botox wird in die Muskeln gespritzt, die an der Bildung dieser

Mimik beteiligt sind. Alam argumentiert auf der Grundlage der Facial-Feedback-Hypothese dafür, dass Botoxinjektionen, die eine wütende Mimik verhindern, wahrscheinlich auch Wutgefühle verringern. Die jüngsten Untersuchungen von Lewis und Bowler stützen diese Annahme. Botoxinjektionen bewirken allerdings offensichtlich auch, dass man nicht mehr ganz so herzhaft lachen kann, doch dieser Effekt ist geringer als jener, der die negative Mimik unterdrückt. Alam gelangt schließlich zu dem Fazit, dass Botox nicht nur ein jugendliches Aussehen verleiht, sondern auch unsere Wut verringert. Da die eigene Mimik auch die Gefühle anderer beeinflusst, argumentiert er zudem, dass eine von keinerlei Wut gezeichnete Mimik nicht allein die Wut der mit Botox behandelten Person verringert, sondern sich auch positiv auf die Gefühle der mit ihr interagierenden Menschen auswirkt.

Was denken Sie nun angesichts dieses letztlich positiven Resultats? Sollten wir alle uns zugunsten unseres persönlichen Wohlbefindens und des Weltfriedens Botox injizieren lassen? Oder uns doch eher für mehr Respekt, Toleranz und Empathie einsetzen? Oder könnte eine sinnvolle Zwischenlösung vielleicht darin liegen, beides zu tun?

LUST

Unbezwingbare Lust

Der Anblick von Brüsten weckte in ihm die unmittelbare, unbezwingbare Lust, sie zu berühren. Natürlich wusste er um die Unangemessenheit seiner Lust, konnte sie aber nicht bändigen. In solchen Momenten gab es nichts Wichtigeres, als die Brüste anzufassen. Anschließend fühlte er sich erleichtert; seine Lust schien gestillt, doch dieser Zustand währte nie lange. Immer wieder trieb ihn die Lust zu Zudringlichkeiten und beschämenden Verhaltensweisen. Seine Schwester nannte ihn ein Raubtier, ständig auf der Jagd nach Frauen und insbesondere deren Brüsten. Seine Primärtriebe beherrschten ihn, er hatte keine Kontrolle mehr über sein Handeln.

Das Problem war jedoch nicht auf Brüste beschränkt. Er machte Fremden eindeutige sexuelle Angebote und masturbierte mindestens zehn Mal am Tag. Lust, Lust, nichts als Lust. Lust beherrschte sein Leben und brachte ihn zunehmend in Schwierigkeiten.

Schon vor dem ersten Auftreten dieser unbändigen Lust hatte er gesundheitliche Probleme. 1993 begann zunächst seine rechte Hand zu zittern, dann traten partielle Lähmungserscheinungen an seiner rechten Körperhälfte auf. Und schließlich sah er alles doppelt. Aufnahmen seines Gehirns zeigten eine Anomalie der weißen Substanz. Vor allem der Hypothalamus (eine Hirnstruktur, die an der Emotionssteuerung, der Fortpflanzung, der Hormonregulation und der Funktionalität der inneren Organe beteiligt ist), aber auch andere Areale wie die septalen Kerne (die für Belohnung und Motivation von Bedeutung sind) waren betroffen. Auch seine orbitofrontale Hirnrinde wies Anomalien auf. Die Diagnose lautete auf multiple Sklerose und die medikamentöse Behandlung führte zunächst zu einer Besserung der Beschwerden. 1994 sah er erneut alles doppelt, außerdem litt er unter extremer Müdigkeit, sodass er seine Arbeitsstelle beim Fernsehen schließlich aufgeben musste. Weitere Beschwerden kamen hinzu: Er zitterte immer stärker, konnte sich schlecht artikulieren, seine Bewegungen wurden ungelenker und er litt unter ständigem Harndrang. Einer erneuten Behandlung zum Trotz blieben diese Beschwerden bis Mai 1995 unverändert, als sich insbesondere seine Verhaltensstörungen immer stärker sichtbar manifestierten. Sein Urteilsvermögen ließ nach, er reagierte impulsiv und zeigte das geschilderte, sexuell anzügliche Verhalten – welches für Patienten mit multipler Sklerose übrigens ungewöhnlich ist. Er begab sich freiwillig für zwei Wochen in eine psychiatrische Klinik und unterzog sich anschließend in einer Uniklinik einer Nachuntersuchung. Die Ergebnisse dieser Untersuchung und die Geschichte dieses Patienten dokumentierten Elliot Frohman und seine Kollegen 2002 in der wissenschaftlichen Zeitschrift *Archives of Neurology.*

Mehrfache neuropsychologische Tests ergaben Defizite im Bereich der intellektuellen Fähigkeiten. Man nahm an, seine Schwierigkeiten seien vor allem auf die Beeinträchtigung der orbitalen präfrontalen Hirnrinde und der tiefer im Inneren des Gehirns gelegenen Regionen zurückzuführen.

Auch eine neurologische Untersuchung ließ Beeinträchtigungen erkennen.

Im darauf folgenden Jahr durchlebte er gute und schlechte Phasen. Zu manchen Zeiten gelang es ihm, sein impulsives obszönes Verhalten zu kontrollieren, doch hin und wieder übermannte es ihn auch. Er belästigte Frauen in seinem Wohnheim und bedrängte die weiblichen Pflegekräfte des Krankenhauses. Eines Tages legte er die Alarmanlage des Heims lahm und stahl sich unbemerkt davon. Erst vierzig Stunden später spürte man ihn auf. Er war im Kino einem zwölfjährigen Mädchen gegenüber zudringlich geworden und hatte ein weiteres minderjähriges Mädchen sowie eine erwachsene Frau sexuell belästigt. Er wurde angeklagt und kam in Haft.

Lust im Gehirn

Krankhafte Lust

Ist Lust eine Sünde? Auf diese Frage, mit der schon viele gerungen haben, gibt es unterschiedliche Antworten. Einerseits ist Lust etwas Herrliches, das wir hemmungslos und glücklich genießen: ein intensives, leidenschaftliches, sexuelles Verlangen, das wir mit allen Fasern unseres Körpers und Geistes erleben. Ein von der Verheißung auf Zukünftiges genährtes Verlangen, das allein für sich selbst schon alle Mühen wert ist. Ein Verlangen, das, einmal entfacht, nur schwer kontrollierbar ist und dem wir uns nur allzu gerne hingeben. Wenn das Wesen der Lust und der Hingabe in einem freiwilligen Geben und Nehmen besteht, ist Lust keine

Sünde, sondern ein Verlangen, aus dem sehr viel Gutes entsteht. Lust hat manchmal allerdings auch eine recht dunkle Seite, die großes Leid hervorbringt. Eine Ursache dafür liegt in ihrer Unkontrollierbarkeit, wie z.B. im eben geschilderten Fall. Oft folgt die Lust nicht mehr der Vernunft, sondern geht ihren eigenen Weg, der uns manchmal vom rechten Pfad abbringt. Lust verleitet uns bisweilen dazu, Dinge zu tun, die wir bei anderen verurteilen und die wir in Bezug auf uns selbst nie für möglich gehalten hätten. Doch selbst diese Erkenntnis kann unsere Lust nicht eindämmen. Lust kennt keine Grenzen – weder was den Ort, die Person, das Objekt noch die Zeit betrifft. Lustgefühle können prinzipiell von jedem und allem immer und überall erweckt werden, es scheint fast so, als könnten sie uns zur Hingabe zwingen. Aber obwohl die Hingabe an die Lust Genuss verspricht, kann daraus auch Negatives erwachsen, manche Lüste können emotionale und körperliche Blessuren nach sich ziehen. Diese Formen der Lust und des luststimulierenden Verhaltens sind krankhaft, sie sind mit Aggression und Egoismus infiziert, mit Ungleichheit und mangelndem Respekt, mit Demütigung und Zwang. In solchen Fällen wird Lust zur Sünde.

Das Gehirn als erogene Zone

Lust ist an verschiedene erogene Zonen geknüpft, insbesondere – wie der Fall des Mannes, der seine Lust nicht bezwingen konnte, zeigt – an eine große erogene Zone in der oberen Körperhälfte: das Gehirn.

Wenn wir uns vor Augen führen, dass an der Lust unter anderem die Sinnesorgane und Muskeln, das Herz und die Genitalien, aber auch unsere Aufmerksamkeit, Gedanken,

Emotionen und Motivationen beteiligt sind und all diese unterschiedlichen Bereiche integriert und koordiniert werden müssen, ist nicht verwunderlich, dass unsere Lust beinahe unser gesamtes Gehirn in Anspruch nimmt. Die Beziehung zwischen Lust und Gehirn ist äußerst komplex. Die Lust wird in unserem Gehirn durch interne und externe Reize stimuliert, z. B. durch Hormone, wie Testosteron, oder durch etwas, das wir hören, riechen, fühlen oder sehen und das wir irgendwie mit Erotik und möglicher sexueller Befriedigung verbinden. Dieses Zusammenspiel von Hormonen und Wahrnehmung hat Einfluss auf verschiedene neurochemische Systeme im Gehirn. Für das Lustempfinden bedeutsam sind hierbei vor allem Systeme, die auf den Neurotransmitter Dopamin ansprechen, der nicht nur in der Informationsübertragung zwischen den Nervenzellen, sondern auch in der Antizipation und Motivation eine Rolle spielt. Dopamin verstärkt die Antizipation des Genusses der Lustbefriedigung und motiviert uns zu entsprechenden Handlungen. Im Gehirn sind die mesolimbischen, nigrostriatalen und hypothalamischen Systeme für Dopamin empfänglich. Diese Systeme wirken sich ihrerseits auf andere Hirnregionen aus, unter ihnen die Amygdala, das Striatum, die septalen Kerne, die insulare Hirnrinde, die anteriore cinguläre Hirnrinde, die orbitofrontale Hirnrinde, die mediale präfrontale Hirnrinde, die tempero-parietale Hirnrinde und die Okzipitallappen. Diese Regionen sind Teil des Emotions- und Genussnetzwerks in unserem Gehirn, ihnen wird unter anderem die Verarbeitung sinnlicher Informationen zugeschrieben. Zudem sind sie für unser Selbstbild und unserer Fähigkeit, uns in andere hineinzuversetzen, bedeutsam. Das gesamte Netzwerk stimulierter Areale sorgt dafür, dass wir uns sexuell verheißungsvollen Dingen zuwenden, die unser Herz schneller schlagen lassen, Blut in unsere Genitalien pumpen, unsere Lust stimulieren und uns zu Handlungen motivieren, die der Befriedigung unserer Lust dienen.

Man hat festgestellt, dass sich die Libido eines Menschen steigert, wenn er seine Aufmerksamkeit stärker mit Sex konnotierten Dingen zuwendet. Ein gutes Auge für Erotik ist also eine gute Voraussetzung für Lust. Man nimmt zudem an, dass Lust und sexuelle Aktivität im Gehirn zu einer gesteigerten Ausschüttung von Oxytocin führen. Diese, bereits im Dilemma zur Habsucht behandelte Substanz bewirkt, dass wir Menschen in unserem Umfeld mehr Vertrauen entgegenbringen und eine stärkere Verbundenheit mit ihnen fühlen.

Es gibt nur wenige Studien, die sich speziell mit dem Zusammenhang zwischen sexueller Lust und der Aktivität des Gehirns befasst haben. Ihrer geringen Anzahl zum Trotz liefern sie doch bereits interessante Ergebnisse. In den entsprechenden Studien wird die Lust der Probanden durch erotische Bilder oder Filme angeregt, während man Aufnahmen ihres Gehirns macht. Manche Untersuchungen zeigen Geschlechtsunterschiede in der Aktivierung einiger an der Lust beteiligter Hirnregionen. Bei Männern lässt sich gelegentlich eine stärkere Aktivierung der Amygdala und des Hypothalamus beobachten, und manche Männer werden, nach eigener Aussage, stärker durch erotische Bilder erregt als Frauen. Einige Wissenschaftler schließen daraus, dass Männer aufgrund der Funktionsweise ihres Gehirns von visuellen sexuellen Reizen womöglich stärker belohnt werden als Frauen, sodass ihre Lust stärker entfacht und ihr Verhalten dadurch stärker beeinflusst wird. Inwieweit diese Unterschiede zwischen der Gehirnaktivität von Männern und Frauen genetisch bedingt sind oder auf Einflüsse des Umfelds zurückgehen, muss noch eingehender untersucht werden.

Von wesentlicher Bedeutung ist die Unterscheidung zwischen Lust und Genuss. Lust ist das Verlangen nach etwas. Genuss ist die Empfindung, die mit Lust oder der Befriedigung von Lust einhergeht. Im Gehirn sind unterschiedliche, sich teilweise überlappende Systeme an der Lust und am Genuss beteiligt. Obwohl Lust und Genuss zumeist miteinander verknüpft sind, ermöglicht uns die Funktionsweise des Gehirns, Lust auf etwas zu verspüren, was eigentlich keinen Genuss bereitet. Deshalb sehnen wir uns manchmal nach etwas, das uns letztendlich, wenn wir es erreicht haben, gar keinen Spaß macht. Es lohnt sich, die Beziehung zwischen unserer Lüsten, dem Genuss und dem Spaß, den sie uns bringen, genauer zu beleuchten. Denn wenn wir zu dem Schluss gelangen sollten, dass uns unsere Lust und deren Befriedigung letzten Endes keinen Genuss verschaffen, sollten wir darüber nachdenken, Energie in die Loslösung von diesen Lüsten zu investieren.

Wir haben nun einen gewissen Einblick in die Aktivitäten des Gehirns, während wir Lust verspüren. Doch was passiert im Gehirn, wenn die Lust aus der Bahn gerät – wenn Menschen durch Dinge, die ihnen selbst und anderen schaden, Lust empfinden und Befriedigung erfahren? Was geht bei dieser krankhaften Lust im Gehirn vor?

Lust als Last

Wir wissen noch nicht genau, warum manche Menschen von lustvollem Verhalten, das anderen und/oder ihnen selbst schadet, erregt werden, warum sie sich ihm hingeben und dadurch Befriedigung erfahren. Wir wissen aber, dass Patienten mit einer bestimmten Hirnschädigung mitunter Lust an Dingen empfinden, die sie früher nie erregt haben,

und dass sie sich leichter und häufiger Lustgefühlen hingeben, die sie in Schwierigkeiten bringen. Wir wissen darüber
hinaus, dass ein gewisser Prozentsatz von Sexualstraftätern
nachweislich an einer Hirnschädigung leidet, die in Relation
zu ihrer sexuellen Straftat steht. Unsere Kenntnisse über Patienten, deren Hirnschädigung zu destruktiver Lust führt,
geben uns zunehmend Einblick in die Zusammenhänge
zwischen dem Gehirn und der krankhaften Lust.

Und so wissen wir heute, dass durch eine Schädigung
der an der Lust beteiligten Regionen, etwa der präfrontalen
Hirnrinde, des Hypothalamus, des Temporallappens oder
der Amygdala, Lüste geweckt werden können, die große
Probleme nach sich ziehen. Es gibt z. B. Patienten, die nach
einer Schädigung des Hypothalamus pädophile Neigungen
entwickeln. Und andere, die nach einer Schädigung des
Thalamus, des Zentralhirns und der an den Thalamus und
die frontale Hirnrinde grenzenden Areale inzestuöse oder
zoophile Handlungen begehen, voyeuristische Neigungen
entwickeln, oder Geschlechtsteile verstümmeln.

Abgesehen von der Tatsache, dass Menschen gelegentlich Lüste entwickeln, die ihnen selbst und anderen schaden, geht es bei krankhafter Lust auch um die Frage, ob
man seine Lust gegebenenfalls unter Kontrolle halten kann.
In einer sozialen Gemeinschaft ist die Fähigkeit, seine Lust
im Zaum zu halten, sowohl für das eigene Glück als auch
für die Gestaltung eines lebenswerten Umfelds für sich und
andere wesentlich. Je nach persönlichem Lustempfinden
müssen wir alle mehr oder weniger über diese Fähigkeit verfügen. Manchmal aber kann es schwierig sein, heftige Lust
oder ein bestimmtes lustvolles Verhalten zu zügeln, denn
die Befriedigung der Lust ist im Allgemeinen mit Genuss
verbunden. Mit einem Genuss, den wir gerne empfinden
und der uns daher motiviert, der Lust nachzugeben. Da die-

ser Genuss bei der Befriedigung unserer Lust jedoch nicht lange währt, neigen wir dazu, unserer Lust immer wieder von Neuem nachzugeben. Evolutionär betrachtet ist dieses Prinzip sehr wirkungsvoll. Der Genuss motiviert uns dazu, immer wieder Sex zu haben, damit steigen auch die Chancen, dass wir uns fortpflanzen – und damit auch dem Überleben der Art dienen.

Lustbefriedigung ist jedoch nicht immer ausschließlich an Genuss gekoppelt, sondern kann auch negative Konsequenzen haben. Wenn wir uns bestimmten Lüsten hingeben, werden wir mit schmerzlichen Gefühlen wie Scham und Reue konfrontiert oder mit anderen negativen Folgen wie dem Leid anderer, mit Krankheiten, Strafverfolgung und sozialer Ächtung. Daher kommen wir manchmal zu der Einsicht, dass die langfristigen Folgen den kurzfristigen Genuss der Lustbefriedigung nicht aufwiegen, und versuchen, dem Ausleben unserer Lüste Schranken aufzuerlegen. Dieses Bemühen geht auf höhere kognitive, rationale Prozesse in unserem Gehirn zurück, die mit unseren Gefühlen zusammenwirken. Diese Prozesse, die unter anderem von der präfrontalen Hirnrinde ausgehen, sind auch von der Kultur geprägt, in der wir leben. Doch manchmal ist das Begehren nach dem mit Lust und Lustbefriedigung verbundenen Genuss einfach stärker als die moralischen Ketten, die wir ihm anlegen. Dann treibt uns die Lust zu Dingen, die wir später bereuen.

Die meisten von uns sind durchaus in der Lage, ihre Lust und das Ausleben ihrer Lust zu zügeln, wenn es geboten erscheint. Einigen gelingt das jedoch nicht, was gravierende Folgen nach sich ziehen kann. Der Mann, der seine Lust nicht bezwingen konnte, verlor nach einer Schädigung des Hypothalamus, der septalen Kerne und der orbitofrontalen Hirnrinde die Hemmung, seine Lust auszuleben. Auch an-

dere Patienten mit Schädigungen dieser an unserem Lustempfinden beteiligten Areale verspüren unentwegt Lust und
ein nicht nachlassendes Verlangen nach Sex. Manche Patienten können dieses ständige Lustgefühl und ihr Verlangen
nach Sex nicht mehr unterdrücken oder verlieren das Leid,
das ihr Verhalten anderen womöglich zufügt, aus den Augen. Sie unternehmen grenzüberschreitende sexuelle Annäh-
rungsversuche, masturbieren in der Öffentlichkeit, äußern
obszöne Bemerkungen und begehen sexuelle Übergriffe und
Vergewaltigungen.

Die Hirnregionen und Neurotransmitter, die unsere Lust
und die Kontrolle unserer Lust prägen, sind bei Hirnschlä-
gen, aber auch bei Krankheiten wie Epilepsie, Parkinson,
multipler Sklerose, dem Kleine-Levon-Syndrom und Demenz beeinträchtigt, sodass diese Krankheiten bei den Betroffenen manchmal die Lust sowie unkontrollierte Lustäu-
ßerungen von Lust enorm verstärken (oder umgekehrt auch
verringern) können. Parkinson-Patienten werden beispielsweise manchmal mit einem Medikament, das die Dopamin-
Menge im Gehirn erhöht (einem Neurotransmitter, der wie
beschrieben bei Lust eine wichtige Rolle spielt) oder mit
einer elektrischen Stimulation der subthalamischen Kerne
im Gehirn behandelt, was in der Folge zu übermäßiger Lust
und Sexbesessenheit führen kann. Auch ein Infarkt im Thalamus oder eine Schädigung der frontalen oder temporalen Hirnrinde können Hypersexualität hervorrufen. Patienten, bei denen die Funktion dieser frontalen und/oder
temporalen Hirnrinde aufgrund von Epilepsie gestört ist,
berühren während ihrer Anfälle manchmal unwillkürlich
ihre Geschlechtsteile, kratzen sich im Schritt oder machen
Masturbationsbewegungen. Manche von ihnen empfinden
während ihrer Epilepsieanfälle Lust. Auch bei dementen Patienten, deren frontale und/oder temporale Hirnrinde in

Mitleidenschaft gezogen ist, kann die Hemmung der Lust vermindert sein, sodass sie ihren Angehörigen, dem Pflegepersonal und den Mitpatienten hemmungslos sexuelle Avancen machen, woraus sich eine Vielzahl an Problemen ergeben kann.

Weitere Erkenntnisse über Lust

Schädigungen und Veränderungen in den Lustnetzwerken des Gehirns können also zu Lustgefühlen und sexuellen Verhaltensweisen führen, die sowohl andere als auch den betroffenen Patienten selbst schädigen. Es ist sehr wahrscheinlich, dass die Hormone und Neurotransmitter, die Teil des Lustnetzwerks im Gehirn sind, auch bei der krankhaften Lust von Menschen ohne erkennbare Hirnschädigung eine Rolle spielen. Was genau bei krankhafter Lust im Gehirn geschieht und wie sie entsteht, wissen wir noch nicht, ebenso wenig wie bei gesunder Lust, hierzu sind weitere wissenschaftliche Studien nötig. Wir wissen allerdings, dass Lust, da sie mit unserem Motivations- und Genusssystem verbunden ist, eine suchtevozierende Wirkung entfalten kann, die uns manchmal gegen unseren Willen in eine bestimmte Richtung drängt. Im nächsten Kapitel werde ich näher auf diesen Aspekt eingehen.

Lust ist herrlich, Lust ist menschlich, Lust ist gesund und kann viel Gutes bewirken: Sie schafft Verbundenheit, bringt Kunst hervor, erzeugt Kinder und verschafft uns Spaß. Aber Lust kann auch mit Aggression und Schmerz, mit Geld und Macht, mit Ungleichheit und Diskriminierung und vielem anderen infiziert sein. Lust fordert daher bei Frauen, Männern und Kindern auch Opfer. Krankhafte Lust verpestet alles, was an Gutem in der Lust liegt. Und das dürfen wir nicht zulassen. Das Gros der Menschen ist sich durchaus des Unterschieds zwischen gesunder und krankhafter Lust bewusst und kann die eigene Lust adäquat regulieren. Menschen, die das nicht können und sich selbst und anderen schaden, brauchen professionelle Hilfe. Daher sollten sie diese Hilfe suchen, auch wenn es ihnen schwerfällt. Sie sollten nicht in der Sklaverei ihrer Lüste verharren, sondern versuchen, ihre Lust von schädlichen Auswüchsen zu befreien.

Neben sexueller Lust zählt auch die unstillbare Lust zu essen oder die Gefräßigkeit zu den Sünden. Sie ist das Thema des nächsten Kapitels. Aber betrachten wir zunächst noch ein Dilemma.

Dilemma:
Ein unbewusster Luststimulator

Nein, es wird hier nicht um Dinge wie die spanische Fliege, Alkohol, Yohimbin, Amorphine oder Austern gehen. Ich möchte hier etwas Subtileres und vielleicht auch Kontroverseres thematisieren, nämlich die unterschwellige erotische Beeinflussung, die Beeinflussung von Lustgefühlen durch erotische Bilder, die nicht bewusst wahrgenommen werden.

Wenn man sich bewusst erotische Bilder oder Filme anschaut, kann das erregend wirken. Diese Erregung geht mit einer Aktivierung des Genuss- und Lustnetzwerks im Gehirn einher, die uns zu einem Verhalten motiviert, das diese Lust befriedigt. Anna Rose Childress und ihre Kollegen untersuchten, ob diese Lust und die damit verbundene Stimulation des Gehirns auch auftreten, wenn man unbewusst erotischen Bildern ausgesetzt ist. Dazu wurden den allesamt kokainabhängigen Probanden neutrale Bilder gezeigt, zwischen denen manchmal sehr schnell erotische Abbildungen und Fotos mit Bezug zum Kokainkonsum eingeblendet wurden. Diese stimulierenden Bilder wurden jedoch so schnell von neutralen Bildern abgelöst, dass die Probanden sie nicht bewusst wahrnehmen konnten. Unbewusst wurden sie jedoch durchaus vom Gehirn erfasst.

Die Aufnahmen, die während des Experiments von den Gehirnen der Probanden angefertigt wurden, zeigten, dass die unbewusst wahrgenommenen erotischen Bilder, genau wie bewusst wahrgenommene erotische Bilder, Teile des Genuss- und Lustsystems im Gehirn stimulierten. Auch die unbewusst wahrgenommenen Bilder von Kokainkonsum stimulierten bei diesen kokainabhängigen Probanden das Genusssystem des Gehirns. Kokainabhängige beschreiben das Verlangen nach Kokain manchmal wie die Lust auf Sex, nur stärker. Diese Ähnlichkeit scheint darauf zurückzugehen, dass Sex und Kokain sich ähnlich auf das Genusssystem im Gehirn auswirken.

Die Wissenschaftler zogen aufgrund ihrer Beobachtung den Schluss, dass das Genusssystem in unserem Gehirn für Signale wie z. B. verheißungsvolle erotische Abbildungen besonders sensibel ist und auf derartige Bilder mit Verlangen reagiert. Selbst bei einer unbewussten Verarbeitung dieser Bilder wird die Leidenschaft in unserem Gehirn entfacht. Nach Auffassung der Wissenschaftler kann sich diese unwillkürlich entfachte Leidenschaft zunächst der Kontrollfunktion der präfrontalen Hirnrinde entziehen, weil sie unbewusst bleibt. Wenn wir uns unserer Lust schließlich bewusst werden, war das evolutionär alte Genusssystem schon über einen längeren Zeitraum aktiv und motiviert uns bereits, die Lust zu befriedigen. Dadurch wird es für Hirnregionen wie die präfrontale Hirnrinde noch schwieriger, die Lust unter Kontrolle zu bekommen.

Dieses Wissen hat große Bedeutung für unseren Alltag, sind wir doch in Form von Bildern, Geräuschen, Düften und Berührungen täglich erotischen Reizen ausgesetzt, die das Fleisch willig und den Geist schwach machen. Manchmal treten diese unbewussten Reize zufällig auf, aber hin und wieder werden sie auch sehr bewusst eingesetzt. Die Macht unterschwelliger Wahrnehmung bedarf sicherlich noch eingehender Forschung, aber die Umsetzung der besprochenen Untersuchungsergebnisse in nützliche Werkzeuge für den Haus- und Disco-Gebrauch ist keineswegs undenkbar. Ich denke dabei an ein Gerät, mit dessen Hilfe man Menschen, mit denen man ins Bett gehen möchte, unbewusst und rasend schnell erotische Bilder präsentieren kann, die ihre Lust entfachen, ohne dass ihnen bewusst wird, warum. Die Lust legt dadurch klammheimlich einen Frühstart hin, der ihr – bis zu dem Zeitpunkt, an dem sie das Bewusstsein der manipulierten Person erreicht – einen Vorsprung verschafft, der von der hemmenden Wirkung der präfrontalen Hirnrinde kaum noch aufzuholen ist. Man hätte also ein Gerät, das unbewusst Lust erzeugt, die zur Befriedigung drängt, ohne Spuren der vorangehenden Manipulation zu hinterlassen: Würden Sie ein solches Gerät, wenn es auf den Markt käme, anwenden?

GEFRÄSSIGKEIT

Unstillbarer Appetit

Im Alter von zwanzig Jahren wog Kate mehr als 140 Kilo. Sie hatte ständig Hunger und konnte einfach nicht aufhören zu essen. Sie tat alles, um an Lebensmittel zu gelangen und ihren Hunger zu stillen: Sie bettelte, stahl und durchwühlte Mülleimer – aber ihr Hunger und ihr Verlangen nach Essen blieben. Im Babyalter hatte sie nie etwas essen wollen, die Ärzte vermuteten sogar ein Failure-to-thrive-Syndrom, bei dem sowohl Gewichtszunahme als auch Wachstum in krankhaftem Maße eingeschränkt sind. Ihre Eltern waren natürlich sehr besorgt und daher überglücklich, als Kates Appetit zunahm. Doch schon bald geriet er aus dem Ruder, Kate aß immer weiter. Als Zweijährige stibitzte sie kleine Kuchen auf Geburtstagsfesten, und als Dreijährige wog sie schon mehr als 45 Kilo. Sie war einfach unersättlich.

Ihre Eltern hielten sämtliche Lebensmittel unter Verschluss, vor Kate war nichts mehr sicher. Mit den Jahren entwickelte sie jedoch großes Geschick in der Beschaffung von Lebensmitteln. Sie ließ sich Essen nicht nach Hause, sondern an andere Adressen liefern und suchte nach den entsprechenden Schlüsseln der Türen, die sie von den Nahrungsmitteln trennten. Ihr Appetit brachte Kate zunehmend in Schwierigkeiten. Ihr wurde mehrfach gekündigt, weil sie an ihrem Arbeitsplatz Essen gestohlen hatte, außerdem wurde sie wegen Ladendiebstahls verhaftet. Kate sagte über sich selbst, sie könne essen bis zum Umfallen. Sie schlang zumindest so viel in sich hinein, dass sie ernsthaft erkrankte.

Die Ärzte erkannten nicht sofort, was ihr fehlte, diagnostizierten aber schließlich ein Prader-Willi-Syndrom. Diese genetisch bedingte Erkrankung tritt im Allgemeinen im Alter von etwa zwei Jahren mit Symptomen wie Obesitas, einem unmäßigen Appetit und einem außergewöhnlichen Drang zur Aufnahme großer Mengen Nahrung in Erscheinung. Man bezeichnet die extreme Esslust und Nahrungsaufnahme auch als Hyperphagie. Menschen, die an diesem Syndrom leiden, nehmen das Dreifache der benötigten Kalorienmenge zu sich.

Das Prader-Willi-Syndrom ist noch recht wenig erforscht, erste Studien zeigen jedoch, dass die Erkrankung häufig von verschiedenen Hirnstörungen wie Anomalien im Hypothalamus, der orbitofrontalen Hirnrinde, dem Nucleus accumbens und der Amygdala begleitet ist. Man vermutet, dass im Gehirn der betroffenen Patienten der Mechanismus, der bei ausreichender Nahrungsaufnahme gewöhnlich für ein Sättigungsgefühl sorgt, sowie das Belohnungssystem, das den Genuss reguliert, den wir beim Essen empfinden, gestört sind.

Prader-Willi-Patienten müssen im Hinblick auf ihre Ernährung lebenslang überwacht werden, weil sie sich ansonsten im wahrsten Sinne des Wortes zu Tode essen könnten. Es gibt nämlich Fälle, in denen Prader-Willi-Patienten so lange aßen, bis ihr Magen schließlich riss.

Kate lebt seit ihrem zwanzigsten Lebensjahr in einem Heim für Prader-Willi-Patienten. Sie hat innerhalb von sechs Jahren fast siebzig Kilo abgenommen und fühlt sich heute wohl. Doch ihr Drang zu essen, ist bestehen geblieben, deshalb steht sie in diesem Heim, in dem alle Nahrungsmittel unter Verschluss gehalten werden, vierundzwanzig Stunden unter Aufsicht. Die Bedeutung des Problems zeigt sich in der Tatsache, dass sie bei einem zehntägigen Besuch bei ihren Eltern mehr als zehn Kilo zugenommen hatte. Ihr Vater bringt die Tragödie ihres unersättlichen Appetits auf den Punkt: Er glaubt, Kate hindere sich durch ihre Esssucht selbst daran, ihre Fähigkeiten zu entdecken und ein glückliches Leben zu führen.

Kates Fall wurde von JuJu Chang und Cathy Becker dokumentiert und ist im Internet nachzulesen unter der URL: http://abcnews.go.com/Health/Diet/storyid=4250519& page=1.

Gefräßigkeit im Gehirn

Eine Hassliebe

Man kann sich natürlich fragen, ob Gefräßigkeit wirklich eine Sünde ist. Die Gesellschaft hat diese Frage längst beantwortet und vermittelt ihre Botschaft auf vielfältige Weise: Wir müssen schlank, muskulös und gesund sein. In unserem Streben, diesem Bild zu entsprechen, beschäftigen wir uns nicht selten zwanghaft damit, und sei es nur in Gedanken. Durch unsere Fixierung darauf, »schlank, muskulös und gesund« zu sein, wird Essen an sich, der Verzehr der »falschen« Nahrungsmittel und vor allem übermäßiges Essen zur Sünde. Gefräßigkeit ist eine Sünde, der man sich nicht ungestraft hingibt: Sie ist anhand von überflüssigen Pfunden und Kurzatmigkeit weithin sichtbar und wird neben zu engen Sesseln auch mit starrenden Blicken, Schmähungen, Diskriminierungen und stigmatisierenden Vorurteilen wie »Dicken fehlt es an Willenskraft« und »Dicke sind faul« geahndet.

Einerseits gaukelt man uns immer wieder vor, der Weg zu Glück und ewigem Leben sei am besten mit einem schlanken, wohlgeformten, gesunden Körper zu beschreiten, der mit einer streng einzuhaltenden Kalorienmenge sowie Bewegung in Form gehalten werden soll; andererseits verführen uns Kochbücher, -sendungen und -zeitschriften sowie Werbung und eine schier unablässige Flut neuer, herrlicher und jederzeit in riesigen Mengen verfügbarer Lebensmittel zu erfüllendem Essen. Diese Gegenpole zwingen uns zu einem Spagat und lassen bei einigen Menschen eine Hassliebe zum Essen entstehen. Eine Hassliebe, die zumeist mit einem täglichen, kräftezehrenden Kampf verbunden ist, den die Betroffenen nicht selten verlieren.

Wir halten Gefräßigkeit also für eine Sünde. Aber halten wir sie auch für eine schwerwiegende Sünde?

Gemessen an Zeit, Geld und Kraft, die es kostet, einer Sünde zu widerstehen, würde die Gefräßigkeit in puncto Schwere glorreich den Sieg vor allen anderen Sünden davontragen. In der Schlankheitsindustrie werden Millionen umgesetzt. Appetitzügler, Schlankheitsratgeber und Diätmahlzeiten verkaufen sich wie warme Semmeln. Schulen initiieren Programme, um Sechsjährige über die Gefahren falscher und übermäßiger Ernährung aufzuklären. Ein Großteil der westlichen Weltbevölkerung müht sich tagtäglich verzweifelt, die eigene Esslust zu zügeln. Gefräßigkeit ist offenbar keine Sünde wie jede andere, sondern gilt in unserer Gesellschaft als die fleischgewordene Sünde schlechthin. Aber warum? Zugegebenermaßen kann Gefräßigkeit, wie Francien Prose es formulierte, andere Sünden nach sich ziehen. Neid oder Wut etwa, weil jemand genau den Keks aus der Schale nimmt, den wir selbst gerne gegessen hätten.

Oder Habsucht, wenn die Gefräßigkeit uns die Teller am Buffet, an dem wir uns beliebig bedienen dürfen, bis zum Rand vollladen lässt. Die Fixierung auf Gefräßigkeit und damit verbundenen Themen wie Schlankheit und Gesundheit, kann so stark werden, dass für andere Dinge keine Energie mehr bleibt. Vielleicht ist es in einer Welt mit Nahrungsmittelknappheit und Hungertod auch hochmütig und unmoralisch, zu viel zu essen. Aber bieten diese Überlegungen wirklich den Grund dafür, Gefräßigkeit zur Hauptsünde zu erklären? Finden wir Gefräßigkeit tatsächlich schlimmer als Habsucht, Neid, Hochmut, Trägheit und Wut? Ist der durch Gefräßigkeit entstandene Schaden größer als bei anderen Sünden? Könnte es nicht sein, dass der Versuch, unserer Gefräßigkeit Herr zu werden, nur deshalb ganz oben auf unserer To-do-Liste der Sündenbekämpfung steht, weil wir unserem Körper mehr Bedeutung zumessen als unserem Geist? Dass wir unser für andere sichtbares Äußeres höher bewerten als unser anderen verborgenes Innenleben? Und dass wir glauben, es sei leichter, an Materiellem als an Immateriellem zu arbeiten?

Auch wenn mir die Antwort auf diese Fragen noch nicht ganz klar ist, lässt sich zumindest konstatieren, dass der Kampf um die Kontrolle über das eigene Essverhalten für viele zu einem leidvollen Grabenkrieg geworden ist, aus dem sie in aller Regel nicht als Sieger hervorgehen. Gefräßigkeit kann zu Übergewicht führen, das neben dem Risiko von Erkrankungen von Herz, Gefäßen und Darm sowie Diabetes II auch eine Verminderung der kognitiven Leistungen sowie eine geringere Lebensqualität zur Folge haben kann, was zum einen mit hohen Kosten, zum anderen mit großem persönlichem Leid einhergeht. Ein Blick auf unseren Drang zu essen und den Kontrollverlust über diesen Drang scheint lohnenswert, auch um herauszufinden, was dabei schiefläuft.

Hunger und Appetit

Im Zusammenhang mit Essen und Appetit werden zahlreiche Areale und biologische Prozesse im Gehirn und anderen Körperteilen aktiviert. Im Folgenden soll der Blick auf die Bereiche und Abläufe im Gehirn gelenkt werden, die dabei offensichtlich eine Hauptrolle spielen. Einer davon ist der Hypothalamus. Unterhalb des Thalamus gelegen, reguliert er das Hungergefühl und animiert uns zur Nahrungssuche. Man vermutete lange Zeit, der menschliche Körper verfüge über ein gewaltiges, komplexes biologisches System zur Regulierung des Energiehaushalts. Man ging davon aus, dass wir bei Störungen durch Signale aus dem Hypothalamus dazu veranlasst werden, die Balance zwischen Energiezufuhr und Energieverbrauch wiederherzustellen: bei geringen Energiereserven durch zusätzliches Essen, das die Energiereserven auffüllt, bei Energieüberschuss durch Kalorienverbrennung, welche den Überschuss abbaut. Man nahm an, ein solches System sorge über Interventionen in Appetit und Essverhalten für einen größtenteils stabilen Energiehaushalt sowie lediglich geringfügige Schwankungen des Körperfettanteils und des Gewichts eines erwachsenen Menschen.

Dieses Balancesystem, über das das Gehirn tatsächlich verfügt, das allerdings keineswegs so perfekt funktioniert wie angenommen, wird auch Energiehomöostase genannt. Unbestritten ist die Bedeutung, die dem Hypothalamus in diesem System zukommt. Tierversuche ergaben, dass eine seitliche Schädigung des Hypothalamus den Appetit mindern und Manipulationen der Rezeptoren (also der Bereiche der Zellaußenwände, an die sich körpereigene Substanzen anheften und damit körperinterne Prozesse beeinflussen können) des Hypothalamus bei Tieren den Appetit verstärken oder verringern können. Ein anderer Bereich des Hypothalamus, die ventromediale Region, ist an der Regulierung des Sättigungsgefühls beim Essen beteiligt. In Bezug auf Appetit und Essverhalten sowie die Beendigung einer Nahrungsaufnahme wirken beide Bereiche zusammen.

Ein Blick in unser Umfeld erweckt allerdings den Anschein, dass dieses Energiehomöostase-System, gelinde gesagt, nicht immer optimal funktioniert. Viele Menschen hören auch dann nicht auf zu essen, wenn sie mehr als genug zu sich genommen haben, die Fettreserven mancher Menschen sind deutlichen Schwankungen unterworfen. Neben dem Gefühl, hungrig oder satt zu sein, scheint unsere Nahrungsaufnahme durch eine weitere Kraft reguliert zu werden, die manchmal als hedonistischer Hunger bezeichnet wird. Hedonistischer Hunger wird von der Appetitlichkeit des Essens und dem zu erwartenden Genuss ausgelöst. Er lässt sich auch mit dem Begriff »Esslust« fassen: die Lust auf Nahrung ohne eigentliches Hungergefühl. Am hedonistischen Hunger sind im Gehirn vorwiegend das ventrale tegmentale Areal des Gehirns, der Nucleus accumbens, das ventrale Pallidum, die orbitofrontale Hirnrinde und die Amygdala beteiligt – sie alle sind Teil des Genusssystems des Gehirns. Doch auch andere Regionen, wie der Hippocampus (eine Hirnstruktur, die für das Lernen und Erinnern von Bedeutung ist), spielen bei hedonistischen Prozessen eine Rolle.

Der amerikanische Wissenschaftler Kent Berridge entdeckte im Gehirn stecknadelkopfgroße Areale, sogenannte hedonistische Hotspots. Ein solches Areal liegt im Nucleus accumbens, ein weiteres im ventralen Pallidum. Berridge konnte einen Zusammenhang zwischen der Stimulation dieser Areale und dem Essverhalten nachweisen: Die Reizung der Hotspots sorgt dafür, dass wir etwas ausgesprochen köstlich finden, eine gezielte Stimulation kann bei Tieren zu vermehrter Nahrungsaufnahme führen.

Für das Essverhalten ist – neben Energiehomöostase und hedonistischem Hunger – auch die kontrollierende Wirkung anderer Hirnregionen, wie etwa die orbitofrontale Hirnrinde, von Bedeutung. Diese Areale können uns motivieren, etwas nicht zu essen, obwohl wir Hunger oder Appetit darauf haben, indem wir daran denken, dass etwas sehr ungesund ist oder dass wir abnehmen möchten. Hier handelt es sich also um eine bewusste rationale Kontrolle unseres Essverhaltens, während Energiehomöostase und hedonistischer Hunger eher Ausdruck einer unbewussten, emotionalen Kontrolle des Essverhaltens sind.

Die Netzwerke von Energiehomöostase, hedonistischem Hunger und kognitiver Kontrolle wirken nicht unabhängig voneinander, sondern überlappen und beeinflussen einander und stimulieren so gemeinsam unser Hungergefühl, unseren Appetit und unser Essverhalten. Die genauen Abläufe sind noch nicht vollständig erschlossen, werden aber zurzeit erforscht.

Wir haben bereits erläutert, dass bei Patienten mit Prader-Willi-Syndrom – das sich auch als Esssucht äußert – Störungen im homöostatischen und hedonistischen Netzwerk diagnostiziert werden konnten. Aktuelle Studien belegen, dass gewisse zeitgenössische Lebensmittel auch bei nicht von diesem Syndrom betroffenen Menschen in die Hunger und Appetit steuernden Netzwerke eingreifen und damit Esssucht auslösen können.

Nahrung, die süchtig macht

In seinem 2011 auf der Basis einer ausführlichen Studie erschienenen Buch *Das Ende des großen Fressens* erklärt Dr. David Kessler, langjähriger Chef der amerikanischen

Gesundheitsbehörde FDA (Food and Drug Administration), warum seiner Auffassung nach Millionen von Menschen in der ganzen Welt die Kontrolle über ihre Essgewohnheiten verloren haben. Das Buch ist faszinierend, daher möchte ich seine Theorie und die Ergebnisse seiner Studie mit einigen Ergänzungen hier erläutern.

Kessler geht davon aus, dass bestimmte Lebensmittel einen besonders hohen Genusswert besitzen. Diese Genussmittel setzen sich aus Inhaltsstoffen zusammen, die im Hinblick auf die Evolution für das Überleben und die Entwicklung des menschlichen Körpers und Gehirns notwendig waren. Und es noch immer sind, weshalb wir immer noch so stark auf diese Inhaltsstoffe – Fett, Zucker und Salz – ansprechen. Insbesondere Fett ist ein wichtiger Bestandteil dieser Genussmittel: Es sorgt dafür, dass sie ein Aroma, einen Geschmack und eine Textur erhalten, die wir als angenehm empfinden. In Kombination mit der richtigen Menge an Salz und Zucker – nicht zu viel und nicht zu wenig – entstehen Nahrungsmittel, die für uns anscheinend unwiderstehlich sind.

Lebensmittel wie Hamburger, Schokoriegel, Chips und Pizza stimulieren durch ihren Geschmack und Merkmale wie Struktur, Temperatur und Geruch das Opiatsystem unseres Gehirns. Dort werden körpereigene Opiate produziert, die ebenso wie externe Opiate, z. B. Heroin und Morphin, ein starkes Genussgefühl auslösen können. Lebensmittel, die Fett, Zucker und Salz enthalten, haben in einer gewissen Kombination offenbar eine stärkere Wirkung auf unser Opiatsystem als Bohnen, Äpfel oder Vollkornbrot. Wenn Lebensmittel Genuss erzeugen, wird die Erinnerung daran im Gehirn gespeichert; sie sorgt anschließend dafür, dass wir beim Anblick dieses Lebensmittels erneut zugreifen. Wir möchten den vertrauten Genuss noch einmal erleben und essen nun nicht mehr, um den Hunger zu stillen, sondern um unsere Lust zu befriedigen.

Kessler zufolge ist es der Nahrungsmittelindustrie in Jahren des Experimentierens und Kombinierens gelungen, die perfekte Kombination dieser drei Nahrungsbestandteile innerhalb der verschiedenen Lebensmittelarten zu ermitteln. Und sie hat ihr einen weiteren Aspekt hinzugefügt: das Gefühl, dass das Essen sanft die Kehle hinabgleitet, ohne stark gekaut werden zu müssen. Wenn die Nahrung weniger Ballaststoffe enthält, sättigt sie nicht mehr so schnell und kann in größerem Umfang und über einen längeren Zeitraum aufgenommen werden. Sorgt man dann noch dafür, dass das Essen mehrere Sinne stimuliert, hält man eine Zauberformel in Händen. Die Wirkung dieser ballaststofffreien und häufig mit chemischen Zusatzstoffen angereicherten, sinnesstimulierenden Genussmittel auf unser Belohnungssystem variiert individuell: Manche erleben diese Kombination aus Fett, Zucker und Salz als äußerst belohnend. Das gilt nicht nur für Menschen, sondern auch für Tiere: Tierstudien belegen, dass Ratten bereit sind, über ein elektrisch geladenes Gitter zu laufen, um an handelsübliche fett- und zuckerreiche Leckerbissen zu gelangen, während sie für ihr normales Fressen kein Stromgitter betreten. Für diese Schleckereien laufen sie sogar los, wenn sie gar nicht hungrig sind.

Tierstudien zeigen zudem, dass Fett, Salz und Zucker in Verbindung mit bestimmten sinnlichen Eigenschaften unserer Lebensmittel, wie Geruch und visuelle Attraktivität, die Produktion des Neurotransmitters Dopamin im Gehirn stimulieren. Die Forschung vermutet hier Ähnlichkeiten beim Menschen. Im Kapitel über Lust haben wir das Auftauchen von Dopamin im Zusammenhang mit Antizipation und Motivation bereits aufgezeigt. Diese Substanz kann die Antizipation des Genusses bestimmter Lebensmittel steigern und uns so dazu motivieren, sie aufzuspüren, indem es unsere Aufmerksamkeit auf Informationen lenkt, die uns bei der Suche nach bestimmten Lebensmitteln hilfreich sein könnten, etwa der Duft gebratener Hähnchen oder die Reklametafel einer Snackbar. Dopamin sorgt dafür, dass wir diese Informationen kurzfristiger wahrnehmen und die entsprechenden Lebensmittel schneller ausfindig machen.

Die Dopaminproduktion im Gehirn wird jedoch nicht nur von dem jeweiligen Genussmittel selbst, sondern auch von allen erdenklichen Personen, Dingen, Emotionen, Logos und Orten stimuliert, die wir mit diesem Essen verknüpfen. Deshalb haben wir immer wieder Lust auf Pommes frites, wenn wir mit bestimmten Freunden unterwegs sind, und kaufen im selben Laden immer wieder geräucherte Wurst. Auch wenn wir noch gar nicht an die Suche nach Essen denken, können wir plötzlich Lust darauf verspüren, weil eine mit Lebensmitteln verknüpfte Information unsere Dopaminproduktion im Gehirn erhöht, unsere Aufmerksamkeit auf Essen lenkt und unseren Appetit und unser Essverhalten anregt. Das erklärt auch die Effektivität der Reklametafeln von Fastfood-Restaurants: Man fährt über die Autobahn und denkt an alles Mögliche, nur nicht ans Essen. Plötzlich jedoch erblickt man ein bekanntes Logo und einen Drive-in, der Dopaminspiegel schießt in die Höhe, man bekommt Appetit und Lust, essen zu gehen.

Zunächst hindern uns vielleicht noch verschiedene Einwände daran, diesem Impuls nachzugeben. Aber oft entscheiden wir uns schließlich doch dafür, die Ausfahrt zu nehmen und uns unsere Lieblingsportion Fast Food zu gönnen. Wenn sich die spezielle Abfolge von Signal (Reklametafel), Appetit, bestimmten damit verbundenen Handlungen (Abbiegen und Fast Food bestellen) und Essen oft genug wiederholt, wird sie in unserem Gehirn als eine Art Skript gespeichert. Solche Skripte können von Signalen aus unserem Umfeld ausgelöst werden und bewirken, dass wir bestimmte Handlungen routinemäßig ausführen. Es ist für solche Routinehandlungen bezeichnend, dass wir sie ausführen, ohne uns ihrer völlig bewusst zu sein. Eingespielte Routinehandlungen sind in manchen Fällen praktisch, denn sie sparen Zeit und Energie. Sie können jedoch auch Nachteile haben, in Bezug auf unser Beispiel möglicherweise wie folgt: Ein bestimmtes Signal, das Logo des Fast-Food-Restaurants oder der spezielle Autobahnabschnitt, an dem wir das Schild jedes Mal sehen, können mit der Zeit ein bereits bestehendes Skript stimulieren und damit einen Automatismus in Gang setzen. Dann finden wir uns plötzlich in der Schlange eines Drive-in-Restaurants wieder und bestellen eine XXL-Portion mit extra Mayonnaise, ohne uns wirklich bewusst zu sein, wie wir dort hingekommen sind. Routinen entwickeln sich im Allgemeinen langsam, sind aber auch schwierig zu durchbrechen. Hier zeigt sich, dass der Kampf gegen die Gefräßigkeit noch schwieriger wird, wenn sie von solchen automatischen Skripts in Gang gesetzt wird.

Lebensmittel mit der richtigen Kombination aus Fett, Zucker und Salz besitzen noch eine weitere wirkungsvolle Eigenschaft: Sie bereiten uns nicht nur Genuss, sondern können durch ihren Einfluss auf das Opiatsystem auch Schmerz lindern und Stress in gewissem Maße reduzieren. Das erklärt die spontane Neigung mancher Menschen, bei kleinen Verletzungen, Trauer oder Einsamkeit etwas zu essen: Essen kann gegen diese körperlichen und sozialen Schmerzen wie eine Pille wirken. Leider macht diese Pille süchtig. Denn unser Opiatsystem kann nicht nur Genuss bereiten, Schmerzen lindern und Stress reduzieren, sondern hat noch eine weitere interessante Fähigkeit: Wird es erst einmal stimuliert, ganz gleich ob durch Drogen oder Nahrung, regt es uns an zu essen – und schließlich mehr und mehr zu essen.

Die göttliche Kombination aus Salz, Fett und Zucker in Pizza, Schokolade, Bonbons, Eis oder Salzgebäck löst bei manchen Menschen also eine starke Kettenreaktion aus. Sie beginnt mit dem Genuss, den wir beim Essen bestimmter Lebensmittel empfinden, weil im Gehirn Opiate freigesetzt werden. Später antizipieren wir unter dem Einfluss des Neurotransmitters Dopamin, dass wir beim Konsumieren der gleichen Lebensmittel auch zukünftig wieder den gleichen Genuss empfinden werden. Dopamin motiviert uns darüber hinaus zu einem Verhalten, das uns erneuten Genuss verschaffen kann, indem es dafür sorgt, dass wir in unseren Vorräten oder in Geschäften nach dem entsprechenden Genussmittel Ausschau halten. Wir kaufen es, holen es aus dem Schrank, stecken die Hand in die Packung und futtern drauflos. Weil aber der Genuss immer nur von kurzer Dauer ist, müssen wir ständig weiteressen, um unser Genusssystem zu stimulieren. Nach einer Weile löst nicht mehr nur der Anblick fetten, zuckerreichen und salzigen Essens diese Kettenreaktion aus, sondern auch zahlreiche andere Signale, die wir mit Essen verbinden, wie Reklametafeln, Gerüche oder das Treffen mit Freunden. Durch diese Signale und das damit einhergehende Verhalten können sich schließlich Automatismen herausbilden, die uns mehr oder weniger unbewusst zum Essen verführen.

Die große Vielfalt fetthaltiger, zuckerreicher und salziger Lebensmittel, die überall zu bezahlbaren Preisen in großen Mengen angeboten werden, trägt wie unsere Esskultur – in der überall und jederzeit verfügbare Snacks, große Portionen und mehrgängige Mahlzeiten zur Normalität gehören – zusätzlich dazu bei, dass die Kettenreaktion von Essen, Genuss, Antizipation, Motivation und erneutem Essen bei vielen Menschen ausgelöst wird und sich permanent wiederholt.

Das Ganze wirkt kompliziert, ich weiß, aber es lässt sich am Ende doch kurz zusammenfassen: Nahrungsmittel mit einer entsprechenden Kombination aus Fett, Zucker und Salz haben starken Einfluss auf die Produktion von Opiaten und Dopamin in unserem Gehirn. Sie setzen eine Folge von Essen, Genuss, Antizipation, Motivation und erneutem Essen in Gang, die zu übermäßigem Essen führt, oder, wie Kessler es nennt, zu konditioniertem Hyperessen. Es fällt übrigens nicht schwer zu erklären, warum unser Gehirn auf alles, was mit Nahrung zu tun hat, so sensibel reagiert und durch Essen so leicht motivierbar ist: Essen ist für uns lebensnotwendig. Eine Notwendigkeit, die uns in einem Umfeld, das Nahrung im Überfluss bietet, allerdings auch besonders anfällig macht.

Diese Form von Gefräßigkeit erleben übrigens nicht nur dicke Menschen. Auch Dünne und Menschen, die ihr Gewicht halten, sind tagtäglich den Verlockungen bestimmter Lebensmittel ausgesetzt und kämpfen ständig dagegen an. Viele haben ihren Appetit allerdings auch gut unter Kontrolle. Warum manche anfälliger für Esssucht sind als andere, ist unklar, möglicherweise liegt die Ursache in der Veranlagung. Es ist aber auch denkbar, dass fettes, salziges und zuckerreiches Essen das Genusssystem des Gehirns strukturell verändert und auf diese Weise auf den Appetit und das Essverhalten einwirkt. Sicher ist zumindest, dass Genussmittel unser nationales Bruttogewicht erhöhen können. Wenn wir uns alle beteiligten Faktoren noch einmal vor Augen führen, wird deutlich, dass es einigen Aufwand kosten wird, diesen Trend umzukehren.

Einsicht

Sie haben hoffentlich verstanden, dass der Verlust der Kontrolle über das eigene Essverhalten (ebenso wie mit anderen Sünden verbundene Verhaltensweisen) nicht durch einen Mangel an Willenskraft bedingt und auch nicht ganz einfach zu beheben ist. Die Verlockung bestimmter Nahrungsmittel kann, aufgrund ihrer Wirkung auf das Opiat- und Dopaminsystem des Gehirns, für manche Menschen so groß sein, dass sie immerzu gegen deren Verführungskraft ankämpfen müssen, sobald sie mit diesen Nahrungsmitteln oder damit verbundenen Stimuli konfrontiert werden. Sie führen einen Kampf, den sie nicht selten verlieren, weil ihr Genuss- und Motivationssystem stärker ist als ihre Kontrolle darüber.

Das bedeutet jedoch nicht, dass wir jegliche Hoffnung aufgeben müssen. Denn auch wenn uns die Funktionsweise unseres Gehirns manchmal in Schwierigkeiten bringt, bietet sie dennoch eine Chance, der Gefräßigkeit und dem Übergewicht den Kampf anzusagen. Einen Kampf, der nach Kesslers Auffassung mit Einsicht beginnt: Analysieren Sie zunächst, welche Nahrungsmittel und welche Stimuli Sie ansprechen. Anschließend sollten Sie sich das »Esssuchtrisiko« einer bestimmten Umgebung bewusst machen, um diese meiden zu können. Ist das nicht möglich, sollten Sie sich ausreichend wappnen, bevor Sie sich ihr aussetzen. Wichtig ist dabei die Entwicklung der Fähigkeit, den Kreislauf von Essen, Genuss, Antizipation, Motivation und erneutem Essen schon früh beherzt zu durchbrechen, indem Sie Nein sagen, weggehen oder einfach etwas anderes machen. Am Anfang der Spirale ist es leichter, die Kontrolle zu behalten, ist die Kettenreaktion aber erst einmal in Gang gesetzt und das automatische, auf die Befriedigung unseres

Appetits abzielende Verhalten »angelaufen«, wird eine Richtungsänderung immer schwieriger. Außerdem sollten Sie versuchen, Phasen dieses Kreislaufs durch neue Verhaltensweisen und Gedanken zu ersetzen. Das ist für die Betroffenen von konditioniertem Hyperessen ein schwieriger und langwieriger Prozess. Führt man sich jedoch all die Nachteile der Gefräßigkeit vor Augen, erscheint der Versuch, ihr zu entkommen, lohnenswert. Entwickeln Sie schon im Vorfeld alternative Gedanken und Verhaltensweisen. Stellen Sie für sich selbst klare Regeln auf, dann können Sie, wenn Sie merken, dass Sie Appetit bekommen, mithilfe dieser im Voraus ausgearbeiteten Gedanken, Handlungen und Regeln Ihr Augenmerk bewusst auf andere Dinge lenken und so die Kontrolle über Ihr Essverhalten verbessern. Sorgen Sie zudem dafür, dass sich diese neuen Verhaltensweisen lohnen: Bemühen Sie sich beispielsweise um ein Verhalten, das Ihre Sozialkontakte stärkt (ohne sie mit Essen zu verbinden) oder Ihre körperliche Aktivität steigert, was, wie wir wissen, ebenfalls das Belohnungssystem stimuliert und mit der Zeit den durch Essen bewirkten Belohnungseffekt durch einen anderen ersetzen kann. Lernen Sie, Fett, Zucker und Nahrungsmittel mit anderen Augen zu sehen und sie nicht mehr als Genuss, sondern als »ungesund« und »überflüssig« zu betrachten. Trainieren Sie Ihr Gehirn darin, nicht nur auf Nahrungssignale zu reagieren. Schaffen Sie sich bei alldem ein Umfeld, das Sie unterstützt, damit Sie motiviert bleiben und Ihr Genusssystem durch soziale Belohnung stimuliert wird. Ihre neuen Gedanken und Verhaltensweisen werden im Gehirn neue Netzwerke bilden und stimulieren, die Ihnen wiederum eine verbesserte Verhaltenskontrolle erleichtern. Kessler präsentiert in seinem Buch ein Esssucht-Entziehungsprogramm, in dem er diese Schritte genauer erklärt.

Im Rahmen dieses Kapitels kann ich nicht im Einzelnen darlegen, wie die Kontrolle über das Essverhalten wiederzuerlangen ist. Das ist auch nicht der Sinn dieses Kapitels, ich möchte vielmehr deutlich machen, wie man die Kontrolle über sein Essverhalten verliert und Gefräßigkeit entsteht. Außerdem möchte ich ein Bewusstsein dafür wecken, dass es möglich ist, etwas gegen Esssucht zu tun, auch wenn das in aller Regel sehr mühsam ist. Wenn Sie vermuten, dass Ihnen die Kontrolle über Ihr Essverhalten entglitten ist und Sie täglich gegen das Essen ankämpfen, suchen Sie sich Hilfe, um die Zügel wieder in die Hand zu nehmen.

Leidenschaft und Hingabe

Essen ist nicht nur notwendig, es kann auch herrlich sein. Daher sollten wir leckeres Essen auch weiterhin in vollen Zügen genießen. Nahrungsmittel, die viel Fett, Zucker und Salz enthalten, können jedoch zu schwerwiegenden Problemen führen, vor allem wenn wir sie täglich in großen Mengen zu uns nehmen. Die Kenntnis dieser Problematik schützt uns nicht immer vor Gefräßigkeit, denn unser Essen verfügt über eine Geheimwaffe: Es ist eng an Genuss und Motivation und damit auch an Leidenschaft und Hingabe gekoppelt. Leidenschaft und Hingabe können sehr viel Gutes bewirken, aber auch Schmerz und Leid verursachen. In diesem Sinne hat die Sünde der Gefräßigkeit etwas mit den anderen Sünden gemeinsam, denn auch Habsucht, Neid, Hochmut, Trägheit, Wut und Lust sind mit Schmerz und Genuss verbunden. Aber sind Schmerz und Genuss die einzigen Leidenschaften unseres Gehirns? Sind dies die einzigen Leidenschaften, die uns steuern? Oder gibt es vielleicht doch noch etwas anderes?

Nach einem Blick auf das Dilemma zur Gefräßigkeit ist es an der Zeit, die Leidenschaften des Gehirns noch einmal Revue passieren zu lassen und die Frage zu beantworten, warum es so verlockend ist, zu sündigen.

Dilemma: Elektroden im Gehirn

Wir wissen, dass der Neurochirurgie bei der Behandlung von Krankheiten wie Tumoren, Hirnblutungen und Epilepsie große Bedeutung zukommt – also bei Krankheiten, bei denen Anomalien des Gehirns die Körperfunktionen und Lebenserwartung stark beeinträchtigen. Doch die Neurochirurgie kann auch auf andere Bereiche einwirken. Da das Gehirn nicht nur die physischen Funktionen steuert, sondern auch die Gefühle und Gedanken sowie das Verhalten prägt, können Eingriffe im Gehirn auch diese Lebensbereiche beeinflussen. Mithilfe der Neurochirurgie lassen sich daher auch »ungebührliche« Verhaltensweisen oder Erkrankungen wie Depressionen, Angst- und Zwangsstörungen behandeln, bei denen Stimmungs- und Verhaltensstörungen im Vordergrund stehen; Erkrankungen, die früher eher als psychisch motiviert galten. In der Vergangenheit manipulierte man bei solchen Krankheiten das Gehirn häufig auf grobe Weise, zerstörte einzelne Bereiche oder kappte Verbindungsbahnen, wie etwa die zum limbischen System. Diese Eingriffe waren längst nicht immer erfolgreich und wurden oft von schweren Nebenwirkungen begleitet, was diese Form der Neurochirurgie mancherorts auch in Verruf brachte.

Heute steht uns in der Neurochirurgie mit der Tiefen Hirnstimulation (THS) eine neue, sicherere und reversible

Methode zur Erforschung der Möglichkeiten der »Psychochirurgie« zur Verfügung.

Bei einer Tiefen Hirnstimulation platziert der Neurochirurg Elektroden in einem zuvor genau umschriebenen Areal des Gehirns. Diese Elektroden sind mit einem Kästchen (dem Neurostimulator) verbunden, das elektrische Impulse abgibt. Mithilfe des Kästchens und der Elektrode kann man nun ausgewählten Hirnregionen elektrische Impulse verabreichen, die Funktion dieser Hirnregionen beeinflussen und damit versuchen, das Verhalten, die Gefühle und die Gedanken des Patienten zu verändern.

Derzeit wird erforscht, ob sich die Tiefe Hirnstimulation auch bei an Esssucht erkrankten oder infolge mangelhafter Essverhaltenskontrolle stark übergewichtigen Patienten effektiv anwenden lässt. Bei der Tiefen Hirnstimulation gegen Esssucht werden Elektroden im Hypothalamus platziert, einem Hirnareal, das für das Hunger- und Sättigungsgefühl von Bedeutung ist. Der Patient ist während des Eingriffs bei Bewusstsein, sodass die elektrische Stimulation anhand seiner Antworten auf Fragen wie »Sind Sie hungrig?« oder »Ist Ihnen kalt?« noch korrigiert werden kann. Der Zweck der Tiefen Hirnstimulation besteht darin, dem Patienten zu einem schnelleren Sättigungsgefühl zu verhelfen, sodass er nicht länger unverhältnismäßig viele Kalorien zu sich nimmt.

Forschungen belegen, dass Esssucht nicht allein durch unersättlichen Hunger, sondern häufig auch durch unersättliche Esslust entsteht. Daher schlagen der Neurochirurg Casey Halpern und seine Kollegen vor, die Behandlung der Esssucht mithilfe einer Tiefen Hirnstimulation nicht nur im Hypothalamus, sondern auch im Nucleus accumbens durchzuführen. Letzterer bildet, wie wir schon gesehen haben, eine wichtige Schaltstelle im Genusssystem. Eine Tiefe Hirnstimulation dieses Areals könnte den Genuss, den ein Patient beim Essen bestimmter Nahrungsmittel empfindet, verringern und seinen hedonistischen Hunger entsprechend beeinflussen. Wenn das gelänge, wäre er aufgrund der geringeren Genusserwartung weniger motiviert, die entsprechenden Nahrungsmittel zu essen. Er würde weniger zu sich nehmen und an Gewicht verlieren. Wenn man durch die Stimulation des Nucleus accumbens das Genussempfinden beim Verzehr von Junkfood senken könnte, wäre es vielleicht möglich, die Kettenreaktion von Essen, Genuss, Antizipation, Motivation und erneutem Essen zu durchbrechen und der Esssucht ein Ende zu bereiten. Das Verfahren muss noch eingehender erforscht werden, ist aber durchaus vielversprechend.

Was halten Sie eigentlich davon, mithilfe der Hirnchirurgie in das Fühlen, Denken und Handeln von Menschen einzugreifen? Denken Sie, es sollte bei Esssucht erlaubt sein? In anderen Fällen auch? Denn wenn wir schon beim Essen in das Genusssystem eingreifen, gibt es natürlich auch andere Anwendungsmöglichkeiten, zum Beispiel die Behandlung anderer Suchterkrankungen, wie Alkohol- oder Drogensucht. Oder die Grenzen etwas weiter fassen und mit Menschen experimentieren, die einen Hang zu Gewalt haben oder kaufsüchtig sind. Wir könnten Vorlieben und Begierden damit nicht nur abschwächen, sondern auch steigern, wenn uns das angebracht erscheint. Wir könnten der Libido des einen oder anderen, dem gerade danach ist, auf die Sprünge helfen und das Engagement bei Angestellten, die sich nicht ausreichend bemühen, steigern. Was halten Sie davon? Gibt es da eine Grenze? Und würden Sie sich selbst stimulieren lassen?

Den Erfahrungsbericht eines Patienten, dessen Übergewicht mithilfe der Tiefen Hirnstimulation des Hypothalamus behandelt wurde, finden Sie im Internet unter der URL http://abcnews.go.com/Health/story?id=7023288&page=1.

LEIDENSCHAFTEN DES GEHIRNS

Meine persönlichen Top Seven

Hier können Sie die Schlussfolgerungen eintragen, zu denen Sie anhand der Fragen zum Dilemma »Meine persönlichen Top Seven« im ersten Kapitel gekommen sind. Lesen Sie danach einfach auf Seite 27 weiter.

Warum Sündigen so verführerisch ist

Genuss und Schmerz

Dieses Buch begann mit der Frage, warum es uns manchmal so schwerfällt, Sündhaftem zu widerstehen.

Wenn wir alle Fallstudien und Informationen der vorhergehenden Kapitel zusammenhängend betrachten, zeichnet sich die Antwort auf diese Frage deutlich ab: Es ist schwierig, Sündhaftem zu widerstehen, weil unsere Sünden an Genuss und Schmerz gekoppelt sind – zwei wesentliche Kräfte, die unsere Gefühle, Motivationen und Verhaltensweisen massiv in ihre Bahnen ziehen. Sie wirken dabei auf äußerst raffinierte Weise zusammen, die uns bis zu einem gewissen Grad beim Überleben hilft. Lassen Sie es mich in ein paar Worten zusammenfassen:

Es ist einleuchtend, dass wir Genuss oder Schmerz empfinden, wenn das Genuss- oder Schmerzsystem des Gehirns gereizt wird. Bemerkenswert ist jedoch, dass diese beiden Systeme nicht nur von körperlichen, sondern auch von sozialen Reizen stimuliert werden. Das Schmerzsystem kann von einem Schlag auf den Kopf oder einem Schnitt in die Haut gereizt werden, aber auch von sozialen Erfahrungen wie der Ausgrenzung aus einer Gruppe, unfairer Behandlung oder sozialem Abstieg. Auch das Belohnungssystem wird nicht nur von körperlichen Genüssen wie Sex und Schokolade stimuliert, sondern auch von materiellen Dingen wie Geld und Besitz sowie von immateriellen Dingen wie sozialer Wertschätzung, Schadenfreude, Spenden für einen guten Zweck oder kooperativem Verhalten.

Unser Genuss- und Schmerzsystem wird also sowohl von körperlichen als auch von sozialen Einflüssen stimuliert.

Matthew Lieberman und Naomi Eisenberger zogen daraus den Schluss, dass soziale Faktoren, wie etwa Ausgrenzung oder Wertschätzung, uns ebenso wie körperliche Faktoren, wie etwa Hunger und Lust, stark zu einem bestimmten Verhalten motivieren können – zu einem Verhalten, das für unser Überleben wichtig ist. Denn um zu überleben, müssen wir nicht nur essen, trinken, Güter anhäufen und uns fortpflanzen, sondern auch einer Gruppe angehören, die uns und unseren Nachkommen Schutz bietet und uns in Zeiten der Not beisteht. Um in eine Gruppe aufgenommen zu werden, müssen wir andere fair behandeln, um Freundschaften schließen zu können, einen gewissen sozialen Status erreichen, um Autorität zu erlangen, und uns kooperativ verhalten, um gemeinsame Ziele zu erreichen. Tun wir das nicht, kann unser Überleben in Gefahr geraten.

Unser Gehirn verfügt über ein mächtiges Instrument, das ein Warnsignal aussendet, wenn unsere körperlichen und sozialen Grundbedürfnisse nicht ausreichend befriedigt werden und unser Leben gefährdet ist: den Schmerz. Wer nicht isst (unzureichende Befriedigung der körperlichen Bedürfnisse), bekommt Hunger (Schmerz), und wer keiner Gruppe angehört (unzureichende Befriedigung sozialer Bedürfnisse), fühlt sich einsam (Schmerz). Beide Formen des Schmerzes können uns motivieren, unsere Grundbedürfnisse zu befriedigen. Um bei diesem Beispiel zu bleiben: Wer Hunger hat, wird sich auf die Suche nach etwas Essbarem machen, um dem Schmerz zu entgehen; wer keiner Gruppe angehört, wird sich darum bemühen, soziale Kontakte zu knüpfen, um die schmerzhafte Einsamkeit zu lindern.

Neben dem Schmerz motiviert uns auch der Genuss zur Befriedigung unserer Grundbedürfnisse. Also: Hunger (Schmerz) motiviert zu Essen (Befriedigung der körperlichen Grundbedürfnisse); Essen vertreibt den Hunger (der

Schmerz schwindet) und erzeugt durch die Stimulation des Belohnungssystems Genuss. Auf die gleiche Weise motiviert Einsamkeit (Schmerz) das Bemühen, sich einer Gruppe anzuschließen (Befriedigung der sozialen Grundbedürfnisse); die Akzeptanz einer Gruppe vertreibt die Einsamkeit (lindert den Schmerz) und erzeugt durch die Stimulation des Belohnungssystems Genuss. Schmerz und Genuss bieten unseren Gefühlen, Motivationen und Verhaltensweisen auf diese Weise eine starke Orientierung.

Wenn wir die sieben Sünden noch einmal Revue passieren lassen, gelangen wir zu der Erkenntnis, dass sie sich vornehmlich aus einer Mischung verschiedenster sozialer und körperlicher Bedürfnisse zusammensetzen, die für uns lebensnotwendig sind. Mittels der Stimulation unseres Genuss- und Schmerznetzwerks schreien diese Bedürfnisse gleichsam nach Befriedigung. Wir müssen diese Bedürfnisse in gewissem Maße auch befriedigen, um zu überleben. Unser Gehirn sorgt dafür, dass wir dazu motiviert sind.

Was ist Weisheit?

Das ist doch ein wunderbarer Mechanismus, könnte man sagen, und hätte damit sogar recht. Denn Schmerz und Genuss motivieren uns zu einem Verhalten, das für uns lebensnotwendig ist. Doch leider ist dieses System nicht perfekt.

Die körperlichen und sozialen Bedürfnisse, die wir zum Überleben befriedigen müssen, können in Konflikt miteinander geraten, wie die folgenden Beispiele zeigen. Für den Fortbestand der Art müssen wir uns fortpflanzen, und das Gefühl der Lust motiviert uns zu einem entsprechenden Verhalten. Diese Lustgefühle tragen den ebenfalls lebensnotwendigen sozialen Faktoren jedoch nicht immer Rechnung. So kommt es, dass manch einer seine Lust auf die Frau seines besten Freundes richtet und sie zu erobern versucht. Er tut dies, obwohl er natürlich weiß, dass sein Freund und der gemeinsame Freundeskreis davon nicht gerade begeistert sein werden und er sehr wahrscheinlich aus der Gruppe ausgeschlossen wird, wenn er seine Eroberungsversuche fortsetzt. Ein anderes Beispiel: Sie zelten mit einigen Kollegen ein paar Tage in der freien Natur. Aufgrund einer Fehlplanung gibt es für die ganze Gruppe nur knapp bemessene Essensvorräte. Ihre Aufgabe besteht darin, für die gesamte Gruppe zu kochen, daher haben Sie ungehinderten Zugang zu den Vorräten. Sie sind schrecklich hungrig, Ihnen ist allerdings auch klar, dass es negative soziale Konsequenzen für Sie selbst und die Gruppe haben würde, wenn Sie sich mehr als Ihre eigene Ration zumessen würden. Hier handelt es sich um eine typische Dilemmasituation, in der die Befriedigung zweier unterschiedlicher Bedürfnisse jeweils widersprechendes Verhalten erfordert. Welches der beiden Bedürfnisse sollten Sie befriedigen?

Ein anderes Problem liegt darin, dass die sozialen und körperlichen Bedürfnisse auch dann den Genuss und das Schmerzsystem stimulieren und damit nach Befriedigung verlangen, wenn es nicht mehr lebensnotwendig ist. So bleiben wir motiviert weiterzuessen, wenn wir schon satt sind, (Gefräßigkeit) und mehren unseren Besitz auch dann, wenn wir schon mehr als genug angehäuft haben (Habsucht). Diese Unersättlichkeit überschreitet eine Grenze, denn ein solches Verhalten dient nicht mehr unserem Überleben, sondern kann umgekehrt gerade zu unserem Untergang beitragen. Die Funktionen unseres älteren Schmerz- und Genusssystems lassen sich offenbar nicht immer nahtlos mit den modernen Zeiten der Überflussgesellschaft verbinden und die entsprechend empfindlichen Nahtstellen können zu einem Verhalten führen, das wir als Sünde bezeichnen.

So übertönt der Schrei nach sofortiger Befriedigung unserer Bedürfnisse manchmal die Mahnung, diese Befriedigung zurückzustellen. Und wir entscheiden uns für ein Verhalten, das uns kurzfristig Genuss verschafft, langfristig jedoch Schmerz bereitet. Denken Sie nur an den Moment, an dem Sie nach dem fetten Leckerbissen greifen, obwohl es Ihrer Gesundheit sicher zuträglicher wäre, die Finger davon zu lassen. Oder an den Entschluss, den Schmerz durch Einsamkeit mit Einkaufstouren zu betäuben, statt soziale Kontakte zu knüpfen. Das Kaufen mag Ihre schmerzhafte Einsamkeit vielleicht vorübergehend lindern, kann das wirkliche Problem aber langfristig nicht lösen. Manchmal ist es uns offenbar unmöglich, dem kurzfristigen Schmerz zugunsten eines langfristigen Genusses zu trotzen. Selbst wenn wir wissen, dass uns die direkte Befriedigung unserer Bedürfnisse auf Dauer schadet, bleibt die Umsetzung dieses Wissens in das entsprechende Handeln schwierig. Daher entscheiden wir uns oft für den unmittelbaren Genuss.

Ein weiteres Problem besteht darin, dass wir in einem Umfeld, in dem wir einen relativ großen Teil unserer lebensnotwendigen Grundbedürfnisse selbst befriedigen können, manchmal dazu neigen, unseren individuellen Bedürfnissen den Vorzug vor unseren sozialen zu geben. Wir sitzen in einer üppig ausgestatteten Wohnung und denken wütend an all das, was uns angetan wird, während wir die Befriedigung unserer sozialen Bedürfnisse vergessen. Wir vergessen, dass wir ein soziales Gehirn haben und prosoziale Verhaltensweisen wie zum Beispiel Hilfsbereitschaft, Altruismus und Engagemen für uns ebenfalls lebensnotwendig sind. Daraus folgt soziale Trägheit und Einsamkeit.

Konkurrenzdenken, Unersättlichkeit, kurzsichtiger Hedonismus und Individualismus gehören also offenbar zu den Problemen dieses Systems, das unsere Handlungen so eindrücklich prägt. Für sie müssen wir eine Lösung finden, um als Individuen und als Gruppe dem Untergang zu entkommen.

Die gesuchte Lösung scheint in einer dritten Triebkraft unseres Gehirns zu liegen; einer Kraft, die neben Schmerz und Genuss schon in mehreren Kapiteln mit unterschiedlichen Begriffen zur Sprache gekommen ist; in der Triebkraft, die den Einfluss des Genuss- und Schmerzsystems regulieren und die Mängel des Systems beheben kann.

Diese Kraft bezeichnen wir auch als Weisheit. Weisheit kann bewirken, dass unser Verhalten über das hinausgeht, was die unmittelbare Orientierung an Genuss und Schmerz uns nahelegt. Die Wissenschaftler Thomas Meeks und Dilip Jeste von der University of California in San Diego haben zahlreiche Studien über Weisheit analysiert. Ihr Artikel über diese Analyse legt den Schluss nahe, dass die Fertigkeiten, die in den vorangegangenen Kapiteln als Gegenpole unserer Sünden angesprochen worden sind – die Fähigkeit, sich in andere hineinzuversetzen, gute Entscheidungen zu treffen, Emotionen und Wissen zu integrieren, sich selbst gut einzuschätzen und sich prosozial zu verhalten – gewöhnlich unter dem Begriff Weisheit subsumiert werden. All diese Fähigkeiten sind auf die eine oder andere Weise an das Zusammenspiel zwischen dem Schmerz- und Genusssystem des Gehirns und den vorderen Hirnregionen bzw. der präfrontalen Hirnrinde gebunden. Durch das Zusammenwirken dieser unterschiedlichen Hirnregionen entsteht ein Netzwerk, das Meeks und Jeste auch als das neurobiologische Netzwerk der Weisheit bezeichnen. Ihrer Auffassung nach ist Weisheit neurobiologisch als die optimale Balance zwischen den Funktionen der evolutionär älteren Hirnregionen (des Schmerz-

und Genusssystems) und der jüngeren Hirnregionen (der präfrontalen Hirnrinde) zu verstehen.

Wenn wir uns all unsere Erkenntnisse noch einmal vor Augen führen, gelangen wir zwangsläufig zu dem etwas seltsam anmutenden Schluss, dass wir als Homo sapiens (weise Menschen) diese Balance der Weisheit in unserem Gehirn im Allgemeinen noch nicht erreicht haben. Wir ringen fast alle täglich um ein Gleichgewicht zwischen den unterschiedlichen Leidenschaften des Gehirns – Kräften wie Habsucht, Lust, Neid, Hochmut, Gefräßigkeit, Wut und Trägheit, aber auch Kräften wie Mitgefühl, Hilfsbereitschaft, Gerechtigkeit, Freigebigkeit und Engagement. Sobald wir glauben, das Gleichgewicht zwischen all diesen Leidenschaften gefunden zu haben, erweist sich der Zustand nicht selten als labil und gerät schon bald wieder aus der Balance.

Doch die Evolution steht nicht still, die Welt verändert sich und unser Gehirn entwickelt sich unter dem Einfluss unserer Umgebung und unseres Verhaltens weiter. Für den heutigen Menschen, den Homo sapiens, stellt die Suche nach der Balance zwischen den durch die evolutionär älteren und jüngeren Kräfte in ihm geweckten unterschiedlichen Leidenschaften eine große Herausforderung dar. Das Herstellen dieser Balance kann uns von der Stufe des Homo sapiens auf die des Homo sapiens verus (des wahrhaft weisen Menschen) heben. Doch solange wir diese Balance nicht gefunden haben, wohnt dem Sündhaften weiterhin eine Verführungskraft inne.

Dilemma: Ihre persönlichen Top Seven und Ihr Gehirn

Unsere Gene, Erfahrungen und Umgebung bestimmen durch ihren prägenden Einfluss auf die Art und Funktion des Schmerz- und Genusssystems im Gehirn gemeinsam, welche sozialen und körperlichen Bedürfnisse in unserem Leben am lautesten nach Befriedigung schreien. Ob wir diesem Ruf nach Befriedigung tatsächlich Gehör schenken, hängt entscheidend von unserer Fähigkeit der Regulierung der Einflüsse des Genuss- und Schmerzsystems ab. Die Aktivität der präfrontalen Hirnrinde spielt bei diesem Regulierungsprozess eine wichtige Rolle, sie wird bestimmt von der Interaktion zwischen den Genen, von unseren bisherigen Erfahrungen und von unserer Umgebung.

Dieses letzte Kapitel begann, wie alle anderen dieses Buches, mit einer Geschichte. Doch diese Geschichte – unter der Überschrift »Meine persönlichen Top Seven« – handelt von den Verlockungen in Ihrem eigenen Leben. Sie zeigt, welchen Verlockungen Sie erliegen und welchen Sie widerstehen können, was das Sündigen Ihnen gebracht und was es Sie gekostet hat und ob Sie die Sünden noch im Griff haben oder diese Sie beherrschen.

Die Evaluation Ihrer persönlichen Top Seven zeigt Ihnen, welche körperlichen, materiellen und sozialen Grundbedürfnisse den größten Einfluss auf Ihr Schmerz- und Genusssystem ausüben und Sie zum Sündigen verführen. Die Auswertung kann Ihnen Auskunft darüber geben, ob Ihr Genusssystem vor allem von Essen, Must-haves, Macht oder anderen mit Lust verknüpften Dingen stimuliert wird oder ob Ihr Schmerznetzwerk in erster Linie vom sozialen Status anderer, von deren Besitz, dem über Sie verbreiteten Klatsch oder dem Gefühl einer unfairen Behandlung stimuliert wird. Ihre persönlichen Top Seven verraten Ihnen zudem, ob die evolutionär jüngeren Teile Ihres Gehirns die durch die Stimulation des Genuss- und Schmerzsystems ausgelösten Verhaltensweisen und Emotionen ausreichend regulieren können. Sie können Ihnen Klarheit darüber verschaffen, ob Sie in Ihrem Leben bereits eine Balance zwischen den Leidenschaften des evolutionär älteren Schmerz- und Genusssystems und der jüngeren präfrontalen Hirnrinde gefunden haben oder sich mit Blick auf Ihr Glück und Ihre Gesundheit um etwas mehr Gleichgewicht bemühen sollten.

LITERATUR

Allgemein

Carpenter, M. B.; Scatterfield T. S. (Hg.) (1991): *Core text of neuroanatomy,* Baltimore

Fairlie, H. (2006): *The seven deadly sins today,* Notre Dame, Indiana

Fuster, J. M. (2008): *The prefrontal cortex,* Amsterdam

Irvine, W. B. (2006): *On desire: Why we want what we want,* New York

Kalat, J. W. (2001): *Anatomy of the nervous system,* in: Biological psychology, Belmont, CA, S. 87–101

Kleinberg, A. M (2010): *Die sieben Todsünden. Eine vorläufige Liste,* Berlin

Lieberman, M. D.; Eisenberger, N. I. (2009): *Neuroscience. Pains and pleasures of social life,* in: Science, 323(5916), S. 890–89͟

Die sieben Sünden und das Gehirn

Bechara, A.; Damasio, H.; Damasio, A. R. (2000): *Emotion, decision making and the orbitofrontal cortex,* Cerebral Cortex, 10(3), S. 295–307

Cato, M. A. et al. (2004): *Assessing the elusive cognitive deficits associated with ventromedial prefrontal damage: A case of a modern-day Phineas Gage,* in: Journal of the International Neuropsychological Society, 10(3), S. 453–465

Damasio, H. et al. (1994): *The return of Phineas Gage: Clues about the brain from the skull of a famous patient,* in: Science, 264(5162), S. 1102–1105

Fleischman, J. (2004): *Phineas Gage: A gruesome but true story about brain science,* Boston

Macmillan, M. (2000): *An odd kind of fame: Stories of Phineas Gage,* Cambridge

Macmillan, M. (2000): *Restoring Phineas Gage: A 150th retrospective,* in: Journal of the History of the Neurosciences, 9(1), S. 46–66

Ratiu, P.; Talos, I. F. (2004): *Images in clinical medicine: The tale of Phineas Gage, digitally remastered*, in: The New England Journal of Medicine, 351(23), 21

Ratiu, P. et al. (2004): *The tale of Phineas Gage, digitally remastered*, in: Journal of Neurotrauma, 21(5), S. 637–643

Wagar, B. M.; Thagard, P. (2004): *Spiking Phineas Gage: A neuro-computational theory of cognitive-affective integration in decision making*, in: Psychological Review, 111(1), S. 67–79

Weiterführende Links

http://content.nejm.org/cgi/content/full/351/23/e21/DC1
www.npr.org/templates/story/story.php?storyId=100961306&ft=1&f =1012
www.lostmuseum.cuny.edu/archives/museum.htm
www.deakin.edu.au/hmnbs/psychology/gagepage/
www.bbc.co.uk/pressoffice/pressreleases/stories/2005/02_february/06/sin.shtml
www.catholicnews.com/data/stories/cns/0801336.htm
www.americamagazine.org/blog/entry.cfm?blog_id=2&id=9A0A606B-5056-8960-327C219014498879

Habsucht

Ahuvia, A. (2008): *If money doesn't make us happy, why do we act as if it does*, in: Journal of Economic Psychology, 29(4), S. 491–507

Anderson, S. W.; Damasio, H.; Damasio, A. R. (2005): *A neural basis for collecting behaviour in humans*, in: Brain, 128(1), S. 201–212

Baard, P. P.; Deci, E. L.; Ryan, R. M. (2004): *Intrinsic need satisfaction: A motivational basis of performance and well-being in two work settings*, in: Journal of Applied Social Psychology, 34(10), S. 2045–2068

Baumgartner, T. et al. (2008): *Oxytocin shapes the neural circuitry of trust and trust adaptation in humans*, in: Neuron, 58(4), S. 639–650

Delgado, M. R.; Frank, R. H.; Phelps, E. A. (2005): *Perceptions of moral character modulate the neural systems of reward during the trust game*, in: Nature Neuroscience, 8(11), S. 1611–1618

Delgado, M. R. (2008): *Fool me once, shame on you; fool me twice, shame on oxytocin*, in: Neuron, 58(4), S. 470–471

Fehr, E.; Camerer, C. F. (2007): *Social neuroeconomics: The neural circuitry of social preferences*, in: Trends in Cognitive Sciences, 11(10), S. 419–427

Izuma, K.; Saito, D. N.; Sadato, N. (2008): *Processing of social and monetary rewards in the human striatum*, in: Neuron, 58(2), S. 284–294

Jensen, K.; Call, J.; Tomasello, M. (2007): *Chimpanzees are rational maximizers in an ultimatum game*, in: Science, 318(5847), S. 107–109

Keysar, B. et al. (2008): *Reciprocity is not give and take: Asymmetric reciprocity to positive and negative acts*, in: Psychological Science, 19(12), S. 1280–1286

Knoch, D. et al. (2006): *Diminishing reciprocal fairness by disrupting the right prefrontal cortex*, in: Science, 314(5800), S. 829–832

Kosfeld, M. et al. (2005): *Oxytocin increases trust in humans*, in: Nature, 435(7042), S. 673–676

Krueger, F.; Grafman, J.; McCabe, K. (2008): *Neural correlates of economic game playing. Philosophical Transactions of the Royal Society of London*, Series B, Biological Sciences, 363(1511), S. 3859–3874

Lepper, M. R. et al. (1973): *Undermining children's intrinsic interest with extrinsic reward: A test of the ›overjustification‹ hypothesis*, in: Journal of Personality & Social Psychology, 29, S. 129–137

Olson, K. R.; Spelke, E. S. (2008): *Foundations of cooperation in young children*, in: Cognition, 108(1), S. 222–231

Quervain, J.-F. de et al. (2004): *The neural basis of altruistic punishment*, in: Science, 305(5688), S. 1254–1258

Rilling, J. K.; King-Casas, B.; Sanfey, A. G. (2008): *The neurobiology of social decision-making*, in: Current Opinion in Neurobiology, 18(2), S. 159–165

Sanfey, A. G. et al. (2003): *The neural basis of economic decision-making in the ultimatum game*, in: Science, 300(5626), S. 1755–1758

Saxe, R.; Haushofer, J. (2008): *For love or money: A common neural currency for Social and monetary reward*, in: Neuron, 58(2), S. 164–165

Singer, T. et al. (2004): *Brain responses to the acquired moral status of faces*, in: Neuron, 41(4), S. 653–662

Sitskoorn, M. M. (2008): *Vertrouwen en orgasmes*, in: Management Scope, Juli/August, S. 23

Sitskoorn, M. M. (2008): *Gelukkige gever*, in: Mind Magazine, Oktober, S. 52

Sitskoorn, M. M. (2008): *Eerlijk zullen we alles delen*, in: EOS, November, S. 112

Sitskoorn, M. M. (2008): *De winstuitkering van 2009*, in: Management Scope, Dezember, S. 17

Sitskoorn, M. M. (2009): *Ga je voor geld of liefde*, in: Mind Magazine, Dezember/Januar, S. 23

Sitskoorn, M. M. (2009): *Het ultieme spel*, in: Management Scope, Januar, S. 23

Sitskoorn, M. M. (2009): *Recessiemedicijn*, in: Management Scope, Februar, S. 19

Sitskoorn, M. M. (2009): *Verzamelen of hebzucht?*, in: Psyche & Brein, Februar, S. 29

Sitskoorn, M. M. (2009): *Liever de positieve spiraal*, in: Mind Magazine, Juni, S. 78

Spitzer, M. et al. (2007): *The neural signature of social norm compliance*, in: Neuron, 56(1), S. 185–196

Szymanski, D.; Henard, D. (2001): *Customer satisfaction: A meta-analysis of the empirical evidence*, in: Journal of the Academy of Marketing Science, 29(1), S. 16–35

Tabibnia, G.; Lieberman, M. D. (2007): *Fairness and cooperation are rewarding: Evidence from social cognitive neuroscience*, in: Annals of the New York Academy of Sciences, 1118(1), S. 90–101

Tabibnia, G.; Satpute, A. B.; Lieberman, M. D. (2008): *The sunny side of fairness: Preference for fairness activates reward circuitry (and disregarding unfairness activates self-control circuitry)*, in: Psychological Science, 19(4), S. 339–347

Tickle, P. A. (2004): *Greed: The seven deadly sins,* New York

Uhlhaas, C. (2007): *Is greed good?*, in: Scientific American Mind, 18(4), S. 60

Vohs, K. D.; Mead, N. L.; Goode, M. R. (2006): *The psychological consequences of money*, in: Science, 314(5802), S. 1154–1156

Volle, E.; Beato, R.; Levy, R.; Dubois, B. (2002): *Forced collectionism after orbitofrontal damage*, in: Neurology, 58(3), S. 488–490

Vries, M. K de (2007): *Money, money, money*, in: Organizational Dynamics, 36(3), S. 231–243

Zak, P. J.; Fakhar, A. (2006): *Neuroactive hormones and interpersonal trust: International evidence*, in: Economics and Human Biology, 4(3), S. 412–429

Zak, P. J.; Kurzban, R.; Matzner, W. T. (2005): *Oxytocin is associated with human trustworthiness*, in: Hormones and Behavior, 48(5), S. 522–527

Zak, P. J.; Stanton, A. A.; Ahmadi, S. (2007): *Oxytocin increases generosity in humans*, in: PLoS ONE, 2(11), 1128.

Weiterführende Links

http://online.wsj.com/article/SB119760031991928727.html
http://howardlindzon.com/?p=2725
www.express.be/money/nl/wealthrepublic/trouwen-uit-liefde-voor-geld/89204.htm
www.express.be/joker/nl/platdujour/ik-een-spectaculair-mooievrouw-25.htm?
CFID=96952215&CFTOKEN=93141677

Neid

Akitsuki, Y.; Decety, J. (2009): *Social context and perceived agency affects empathy for pain: An event-related fMRI investigation*, in: NeuroImage, 47(2), S. 722–734

Buss, D. M.; Haselton, M. (2005): *The evolution of jealousy*, in: Trends in Cognitive Sciences, 9(11), S. 506–507

Dijk, W. W. van et al. (2006): *When people fall from grace: Reconsidering the role of envy in schadenfreude*, in: Emotion, 6(1), S. 156–160

Epstein, J. (2003): *Envy: The seven deadly sins*, New York

Harris, C. R. (2003): *A review of sex differences in sexual jealousy, including self-report data, psychophysiological responses, interpersonal violence, and morbid jealousy*, in: Personality and Social Psychology Review, 7(2), S. 102–128

Harris, C. R. (2004): *The evolution of jealousy*, in: American Scientist, 92(1), S. 62–70

Hein, G.; Singer, T. (2008): *I feel how you feel but not always: The empathic brain and its modulation*, in: Current Opinion in Neurobiology, 18(2), S. 153–158

Immordino-Yang, M. H. et al. (2009): *Neural correlates of admiration and compassion*, in: Proceedings of the National Academy of Sciences of the United States of America, 106(19), S. 8021–8026

Kim, J. W. et al. (2009): *›Compassionate attitude towards others‹ suffering activates the mesolimbic neural system*, in: Neuropsychologia, 47(10), S. 2073–2081

Lamm, C.; Batson, C. D.; Decety, J. (2007): *The neural substrate of human empathy: Effects of perspectivetaking and cognitive appraisal*, in: Journal of Cognitive Neuroscience, 19(1), S. 42–58

Luaute, J. P.; Saladini, O.; Luaute, J. (2008): *Neuroimaging correlates of chronic delusional jealousy after right cerebral infarction*, in: The Journal of Neuropsychiatry and Clinical Neurosciences, 20(2), S. 245–247

Miceli, M.; Castelfranchi, C. (2007): *The envious mind,* in: Cognition & Emotion, 21(3), S. 449–479

Narumoto, J. et al. (2006): *Othello syndrome secondary to right orbitofrontal lobe excision*, in: The Journal of Neuropsychiatry and Clinical Neurosciences, 18(4), S. 560–561

Penke, L.; Asendorpf, J. B. (2008): *Evidence for conditional sex differences in emotional but not in sexual jealousy at the automatic level of cognitive processing*, in: European Journal of Personality, 22(1), S. 3–30

Sagarin, B. J. (2005): *Reconsidering evolved sex differences in jealousy: Comment on Harris (2003)*, in: Personality and Social Psychology, 9(1), S. 62–75

Schoeck, H. (1980): *Der Neid. Die Urgeschichte des Bösen, München, Wien*

Shakespeare, W. (1987): *Othello, the moor of Venice*, in: The complete works of William Shakespeare, S. 981–1012

Shamay-Tsoory, S. G. (2008): *Recognition of ›fortune of others‹ emotions in Asperger syndrome and high functioning autism*, in: Journal of Autism and Developmental Disorders, 38(8), S. 1451–1461

Shamay-Tsoory, S. G. et al. (2007): *The green-eyed monster and malicious joy: The neuroanatomical bases of envy and gloating (schadenfreude)*, in: Brain, 130(Pt 6), S. 1663–1678

Shirtcliff, E. A. et al. (2009): *Neurobiology of empathy and callousness: Implications for the development of antisocial behavior*, in: Behavioral Sciences & the Law, 27(2), S. 137–171

Silva, J. A.; Leong, G. B. (1993): *A case of organic othellosyndrome*, in: The Journal of Clinical Psychiatry, 54(7), S. 277

Singer, T. (2007): *The neuronal basis of empathy and fairness*, in: Novartis Foundation Symposium, 278, S. 20–30

Singer, T.; Lamm, C. (2009): *The social neuroscience of empathy*, in: Annals of the New York Academy of Sciences, 1156, S. 81–96

Singer, T. et al. (2006): *Empathic neural responses are modulated by the perceived fairness of others*, in: Nature, 439(7075), S. 466–469

Smith, R. H.; Kim, S. H. (2007): *Comprehending envy*, in: Psychological Bulletin, 133(1), S. 46–64

Takahashi, H. et al. (2009): *When your gain is my pain and your pain is my gain: Neural correlates of envy and schadenfreude*, in: Science, 323(5916), S. 937–939

Yusim, A. et al. (2008): *Normal pressure hydrocephalus presenting as othello syndrome: Case presentation and review of the literature*, in: The American Journal of Psychiatry, 165(9), S. 1119–1125

Zaki, J. et al. (2009): *The neural bases of empathic accuracy*, in: Proceedings of the National Academy of Sciences of the United States of America, 106(27), S. 11382–11387

Weiterführende Links

Mabillard, A. (2000): *Othello analysis*, Shakespeare online,
www.shakespeare-online.com/playanalysis/othello.html#iago

www.sciencemag.org/cgi/content/full/323/5916/937/DC1
(Ergänzendes Material: Takahashi, H. et al. (2009))

St. John, W. (24. August 2002): *Sorrow so sweet: A guilty pleasure in another's woe,* in: The New York Times,
www.nytimes.com/2002/08/24/arts/24GLEE.html?pagewanted=1

Adolphs, R. (2009): *The social brain: Neural basis of social knowledge*, in: Annual Review of Psychology, 60, S. 693–716

Allan, R. (2008): *Sic transit gloria mundi*, in: Clinical Medicine, 8(4), S. 361

Anderson, C.; Ames, D. R.; Gosling, S. D. (2008): *Punishing hubris: The perils of overestimating one's status in a group*, in: Personality and Social Psychology Bulletin, 34(1), S. 90–101

Anderson, S. W. et al. (2006): *Impairments of emotion and real-world complex behavior following childhood or adult-onset damage to ventromedial prefrontal cortex*, in: Journal of the International Neuropsychological Society 12(2), S. 224–235

Beer, J. S. et al. (2003): *The regulatory function of self-conscious emotion: Insights from patients with orbitofrontal damage*, in: Journal of Personality and Social Psychology, 85(4), S. 594–604

Beer, J. S. et al. (2006): *Orbitofrontal cortex and social behavior: Integrating self-monitoring and emotion-cognition interactions*, in: Journal of Cognitive Neuroscience, 18(6), S. 871–879

Brunell, A. B. et al. (2008): *Leader emergence: The case of the narcissistic leader*, in: Personality and Social Psychology Bulletin, 34(12), S. 1663–1676

D'Argembeau, A. et al. (2008): *Self-reflection across time: Cortical midline structures differentiate between present and past selves*, in: Social Cognitive and Affective Neuroscience, 3(3), S. 244–252

Dyson, M. E. (2006): *Pride: Seven deadly sins*, New York

Eisenberger, N. I.; Lieberman, M. D.; Satpute, A. B. (2005): *Personality from a controlled processing perspective: An fMRI study of neuroticism, extraversion, and self-consciousness*, in: Cognitive, Affective & Behavioral Neuroscience, 5(2), S. 169–181

El-Alayli, A. et al. (2008): ›*I don't mean to sound arrogant, but …*‹ *the effects of using disclaimers on person perception*, in: Personality and Social Psychology Bulletin, 34(1), S. 130–143

Geerts, G.; Heestermans, H. (Hg.) (1995): *Van Dale: Groot woordenboek der Nederlandse taal*, Utrecht/Antwerpen

Gilboa, A. (2004): *Autobiographical and episodic memory – one and the same evidence from prefrontal activation in neuroimaging studies*, in: Neuropsychologia, 42(10), S. 1336–1349

Gilboa, A. et al. (2004): *Remembering our past: Functional neuroanatomy of recollection of recent and very remote personal events*, in: Cerebral Cortex, 14(11), S. 1214–1225

Gusnard, D. A. et al. (2001): *Medial prefrontal cortex and self-referential mental activity: Relation to a default mode of brain function*, in: Procee-

dings of the National Academy of Sciences of the United States of
America, 98(7), S. 4259–4264

Harmon-Jones, E.; Devine, P. G. (2003): *Introduction to the special section
on social neuroscience: Promise and caveats,* in: Journal of Personality
and Social Psychology, 85(4), S. 589–593

Johnson, S. C. et al. (2005): *The cerebral response during subjective choice
with and without self-reference,* in: Journal of Cognitive Neuroscience,
17(12), S. 1897–1906

Koenigs, M.; Tranel, D. (2008): *Prefrontal cortex damage abolishes brand-
cued changes in cola preference,* in: Social Cognitive and Affective
Neuroscience, 3, S. 1–6

Legrand, D.; Ruby, P. (2009): *What is self-specific? Theoretical investigation
and critical review of neuroimaging results,* in: Psychological Review,
116(1), S. 252–282

Levine, B. (2004): *Autobiographical memory and the self in time: Brain
lesion effects, functional neuroanatomy, and lifespan development,* in:
Brain and Cognition, 55(1), S. 54–68

Levine, B. et al. (1998): *Episodic memory and the self in a case of isolated
retrograde amnesia,* in: Brain, 121(Pt 10), S. 1951–1973

Levine, B. et al. (2009): *Behavioral and functional neuroanatomical
correlates of anterograde autobiographical memory in isolated
retrograde amnesic patient M. L.,* in: Neuropsychologia, 47(11),
S. 2188–2196

Lieberman, M. D. (2007): *Social cognitive neuroscience: A review of core
processes,* in: Annual Review of Psychology, 58, S. 259–289

Lou, H. C. et al. (2004): *Parietal cortex and representation of the mental self,*
in: Proceedings of the National Academy of Sciences of the United
States of America, 101(17), S. 6827–6832

Miller, G. F. (2007): *Sexual selection for moral virtues,* in: The Quarterly
Review of Biology, 82(2), S. 97–125

Modinos, G.; Ormel, J.; Aleman, A. (2009): *Activation of anterior insula
during selfreflection,* in: PloS One, 4(2), e4618

Northoff, G. et al. (2006): *Self-referential processing in our brain:
A meta-analysis of imaging studies on the self,* in: NeuroImage, 31(1),
S. 440–457

Noulhiane, M. et al. (2008): *Autonoetic consciousness in autobiographical
memories after medial temporal lobe resection,* in: Behavioural Neurology, 19(1–2), S. 19–22

Ochsner, K. N. et al. (2005): *The neural correlates of direct and reflected
self-knowledge,* in: NeuroImage, 28(4), S. 797–814

Ochsner, K. N. et al. (2004): *Reflecting upon feelings: An fMRI study of
neural systems supporting the attribution of emotion to self and other,* in:
Journal of Cognitive Neuroscience, 16(10), S. 1746–1772

Oddo, S. et al. (2008): *Specific role of medial prefrontal cortex in retrieving recent autobiographical memories: An fMRI study of young female subjects*, in: Cortex, S. 1–11

Overwalle, F. van (2009): *Social cognition and the brain: A meta-analysis*, in: Human Brain Mapping, 30(2), S. 829–858

Owen, D. (2007): *The hubris syndrome: Bush, Blair and the intoxication of power*, London

Owen, D. (2008): *Hubris syndrome*, in: Clinical Medicine, 8(4), S. 428–432

Owen, D.; Davidson, J. (2009): *Hubris syndrome: An acquired personality disorder? A study of US presidents and UK prime ministers over the last 100 years*, in: Brain, 132, S. 1396–1406

Plassmann, H. et al. (2008): *Marketing actions can modulate neural representations of experienced pleasantness*, in: Proceedings of the National Academy of Sciences, 105(3), S. 1050–1054

Rathbone, C. J.; Moulin, C. J.; Conway, M. A. (2009): *Autobiographical memory and amnesia: Using conceptual knowledge to ground the self*, in: Neurocase, 15(5), S. 405–418

Shamay-Tsoory, S. G.; Aharon-Peretz, J. (2007): *Dissociable prefrontal networks for cognitive and affective theory of mind: A lesion study*, in: Neuropsychologia, 45(13), S. 3054–3067

Sitskoorn, M. M. (2008): *De smaak van duur is lekker*, in: Management Scope, Oktober, S. 19

Sitskoorn, M. M. (2009): *Effectieve reclame*, in: Management Scope, April, S. 23

Spitzer, M. et al. (2007): *The neural signature of social norm compliance*, in: Neuron, 56(1), S. 185–196

Summerfield, J. J.; Hassabis, D.; Maguire, E. A. (2009): *Cortical midline involvement in autobiographical memory*, in: NeuroImage, 44(3), S. 1188–1200

Svoboda, E.; McKinnon, M. C.; Levine, B. (2006): *The functional neuroanatomy of autobiographical memory: A meta-analysis*, in: Neuropsychologia, 44(12), S. 2189–2208

Takahashi, H. et al. (2008): *Brain activations during judgments of positive self-conscious emotion and positive basic emotion: Pride and joy*, in: Cerebral Cortex, 18(4), S. 898–903

Tracy, J. L.; Matsumoto, D. (2008): *The spontaneous expression of pride and shame: Evidence for biologically innate nonverbal displays*, in: Proceedings of the National Academy of Sciences of the United States of America

Tracy, J. L.; Robins, R. W. (2007): *The psychological structure of pride: A tale of two facets*, in: Journal of Personality and Social Psychology, 92(3), S. 506–525

Tracy, J. L.; Robins, R. W.; Lagattuta, K. H. (2005): *Can children recognize pride?*, in: Emotion, 5(3), S. 251–257

Tracy, J. L.; Robins, R. W. (2007): *Emerging insights into the nature and function of pride*, in: Current Directions in Psychological Science, 16(3), S. 147–150

Tracy, J. L.; Robins, R. W. (2008): *The nonverbal expression of pride: Evidence for cross-cultural recognition*, in: Journal of Personality and Social Psychology, 94(3), S. 516–530

Wheeler, E. Z.; Fellows, L. K. (2008): *The human ventromedial frontal lobe is critical for learning from negative feedback*, in: Brain, 131(5), S. 1323–1331

Wheeler, M. A.; Stuss, D. T.; Tulving, E. (1997): *Toward a theory of episodic memory: The frontal lobes and autonoetic consciousness*, in: Psychological Bulletin, 121(3), S. 331–354

Williams, L. A.; DeSteno, D. (2008): *Pride and perseverance: The motivational role of pride*, in: Journal of Personality and Social Psychology, 94(6), S. 1007–1017

Williams, L. A.; DeSteno, D. (2009): *Pride: Adaptive social emotion or seventh sin?*, in: Psychological Science, 20(3), S. 284–288

Zahn, R. et al. (2009): *The neural basis of human social values: Evidence from functional MRI*, in: Cerebral Cortex, 19, S. 276–283

Weiterführende Links

www.cnn.com/2003/US/05/01/bush.transcript/
www.cnn.com/2003/ALLPOLITICS/10/28/mission.accomplished/

Trägheit

Baumeister, R. F. et al. (2008): *Social rejection can reduce pain and increase spending: Further evidence that money, pain, and belongingness are interrelated*, in: Psychological Inquiry, 19(3–4), S. 145–147

Baumeister, R. F.; Leary, M. R. (1995): *The need to belong: Desire for interpersonal attachments as a fundamental human motivation*, in: Psychological Bulletin, 117(3), S. 497–529

Baumeister, R. F.; Masicampo, E. J.; Dewall, C. N. (2009): *Prosocial benefits of feeling free: Disbelief in free will increases aggression and reduces helpfulness*, in: Personality and Social Psychology Bulletin, 35(2), S. 260–268

Berridge, K. C.; Kringelbach, M. L. (2008): *Affective neuroscience of pleasure: Reward in humans and animals*, in: Psychopharmacology, 199(3), S. 457–480

Bora, E.; Yucel, M.; Allen, N. B. (2009): *Neurobiology of human affiliative behaviour: Implications for psychiatric disorders*, in: Current Opinion in Psychiatry, 22(3), S. 320–325

Cacioppo, J. T. et al. (2009): *In the eye of the beholder: Individual differences in perceived social isolation predict regional brain activation to social stimuli*, in: Journal of Cognitive Neuroscience, 21(1), S. 83–92

Delgado, M. R.; Frank, R. H.; Phelps, E. A. (2005): *Perceptions of moral character modulate the neural systems of reward during the trust game*, in: Nature Neuroscience, 8(11), S. 1611–1618

Dewall, C. N. et al. (2008): *Depletion makes the heart grow less helpful: Helping as a function of self-regulatory energy and genetic relatedness*, in: Personality and Social Psychology Bulletin, 34(12), S. 1653–1662

Dunbar, R. I. M. (1998): *The social brain hypothesis*, in: Evolutionary Anthropology: Issues, News, and Reviews, 6(5), S. 178–190

Eisenberger, N. I. et al. (2006): *An experimental study of shared sensitivity to physical pain and social rejection*, in: Pain, 126(1–3), S. 132–138

Eisenberger, N. I.; Lieberman, M. D.; Williams, K. D. (2003): *Does rejection hurt? An fMRI study of social exclusion*, in: Science, 302(5643), S. 290–292

Eslinger, P. J.; Damasio, A. R. (1985): *Severe disturbance of higher cognition after bilateral frontal lobe ablation: Patient EVR*, in: Neurology, 35(12), S. 1731–1741

Fehr, E.; Fischbacher, U. (2003): *The nature of human altruism*, in: Nature, 425(6960), S. 785–791

Gailliot, M. T.; Baumeister, R. F. (2007): *The physiology of willpower: Linking blood glucose to self-control*, in: Personality and Social Psychology Review, 11(4), S. 303–327

Galinsky, A. D. et al. (2006): *Power and perspectives not taken*, in: Psychological Science, 17(12), S. 1068–1074

Harbaugh, W. T.; Mayr, U.; Burghart, D. R. (2007): *Neural responses to taxation and voluntary giving reveal motives for charitable donations*, in: Science, 316(5831), S. 1622–1625

Kleef, G. A. van et al. (2008): *Power, distress and compassion: Turning a blind eye to the suffering of others*, in: Psychological Science, 19(12), S. 1315–1322

Lebreton, M. et al. (2009): *The brain structural disposition to social interaction*, in: European Journal of Neuroscience, 29, S. 2247–2252

Levy, R.; Czernecki, V. (2006): *Apathy and the basal ganglia*, in: Journal of Neurology, 253(Suppl. 7), S. 54–61

Levy, R.; Dubois, B. (2006): *Apathy and the functional anatomy of the prefrontal cortexbasal ganglia circuits*, in: Cerebral Cortex, 16(7), S. 916–928

Lieberman, M. D.; Eisenberger, N. I. (2009): *Neuroscience: pains and pleasures of social life*, in: Science, 323(5916), S. 890–891

Lissek, S. et al. (2008): *Cooperation and deception recruit different subsets of the theory-of-mind network*, in: PLoS ONE, 3(4), e2023

MacDonald, K. B. (2008): *Effortful control, explicit processing, and the regulation of human evolved predispositions*, in: Psychological Review, 115(4), S. 1012–1031

Moll, J. et al. (2006): *Human fronto-mesolimbic networks guide decisions about charitable donation*, in: Proceedings of the National Academy of Sciences of the United States of America, 103(42), S. 15623–15628

Panksepp, J. (2003): *Neuroscience: feeling the pain of social loss*, in: Science, 302(5643), S. 237–239

Price, D. D. (2000): *Psychological and neural mechanisms of the affective dimension of pain*, in: Science, 288(5472), S. 1769–1772

Raichle, M. E. et al. (2001): *A default mode of brain function*, in: Proceedings of the National Academy of Sciences of the United States of America, 98(2), S. 676–682

Rilling, J. K. et al. (2007): *Neural correlates of social cooperation and non-cooperation as a function of psychopathy*, in: Biological Psychiatry, 61(11), S. 1260–1271

Rilling, J. K. et al. (2002): *A neural basis for social cooperation*, in: Neuron, 35(2), S. 395–405

Saver, J. L.; Damasio, A. R. (1991): *Preserved access and processing of social knowledge in a patient with acquired sociopathy due to ventromedial frontal damage*, in: Neuropsychologia, 29(12), S. 1241–1249

Tankersley, D.; Stowe, C. J.; Huettel, S. A. (2007): *Altruism is associated with an increased neural response to agency*, in: Nature Neuroscience, 10(2), S. 150–151

Twenge, J. M. et al. (2007): *Social exclusion decreases prosocial behavior*, in: Journal of Personality and Social Psychology, 92(1), S. 56–66

Wasserstein, W. (2005): *Sloth: The seven deadly sins*, New York

Williams, K. D. (2007): *Ostracism*, in: Annual Review of Psychology, 58, S. 425–452

Yamasue, H. et al. (2008): *Sex-linked neuroanatomical basis of human altruistic cooperativeness*, in: Cerebral Cortex, 18(10), S. 2331–2340

Weiterführender Link

www.guardian.co.uk/science/2009/may/20/sociable-brain-scans-friendly#start-of-comments

Wut

Alam, M. et al. (2008): *Botulinum toxin and the facial feedback hypothesis: Can looking better make you feel happier?*, in: Journal of the American Academy of Dermatology, 58(6), S. 1061–1072

Alia-Klein, N. et al. (2009): *Neural mechanisms of anger regulation as a function of genetic risk for violence*, in: Emotion, 9(3), S. 385–396

Archer, J. (2009): *The nature of human aggression*, in: International Journal of Law and Psychiatry

Banks, S. J. et al. (2007): *Amygdala-frontal connectivity during emotion regulation*, in: Social Cognitive and Affective Neuroscience, 2(4), S. 302–312

Bartolomeil, F. et al. (2002): *Fear, anger and compulsive behavior during seizure: Involvement of large scale fronto-temporal neural networks*, in: Epileptic Disorders, 4(4), S. 235–241

Bruehl, S. et al. (2009): *Pain-related effects of trait anger expression: Neural substrates and the role of endogenous opioid mechanisms*, in: Neuroscience and Biobehavioral Reviews, 33(3), S. 475–491

Clark, A. J. (2005): *Forgiveness: A neurological model*, in: Medical Hypotheses, 65(4), S. 649–654

Coccaro, E. F. et al. (2007): *Amygdala and orbitofrontal reactivity to social threat in individuals with impulsive aggression*, in: Biological Psychiatry, 62(2), S. 168–178

Cox, D.; Harrison, D. (2008): *Models of anger: Contributions from psycho-physiology, neuropsychology and the cognitive behavioral perspective*, in: Brain Structure and Function, 212(5), S. 371–385

Damasio, A. R. et al. (2000): *Subcortical and cortical brain activity during the feeling of self-generated emotions*, in: Nature Neuroscience, 3(10), S. 1049–1056

Davidson, R. J.; Irwin, W. (1999): *The functional neuroanatomy of emotion and affective style*, in: Trends in Cognitive Sciences, 3(1), S. 11–21

Davidson, R. J.; Putnam, K. M.; Larson, C. L. (2000): *Dysfunction in the neural circuitry of emotion regulation – a possible prelude to violence*, in: Science, 289(5479), S. 591–594

Denson, T. F. et al.: *The angry brain: Neural correlates of anger, angry rumination, and aggressive personality*, in: Journal of Cognitive Neuroscience, 21(4), S. 734–744

Dougherty, D. D. et al. (2004): *Ventromedial prefrontal cortex and amygdala dysfunction during an anger induction positron emission tomography study in patients with major depressive disorder with anger attacks*, in: Archives of General Psychiatry, 61(8), S. 795–804

Dougherty, D. D. et al. (1999): *Anger in healthy men: A PET study using scriptdriven imagery*, in: Biological Psychiatry, 46(4), S. 466–472

Edelstyn, N. M.; Oyebode, F. (1999): *A review of the phenomenology and cognitive neuropsychological origins of the Capgras syndrome*, in: International Journal of Geriatric Psychiatry, 14(1), S. 48–59

Ekman, P. (2010): *Gefühle lesen. Wie Sie Emotionen erkennen und richtig interpretieren*, Heidelberg

Fallon, J. H. et al. (2004): *Hostility differentiates the brain metabolic effects of nicotine*, in: Cognitive Brain Research, 18(2), S. 142–148

Farrow, T. F. et al. (2001): *Investigating the functional anatomy of empathy and forgiveness*, in: Neuroreport, 12(11), S. 2433–2438

Gehricke, J. G. et al. (2007): *Smoking to self-medicate attentional and emotional dysfunctions*, in: Nicotine & Tobacco Research, 9 (Suppl. 4), S. 523–36

Gehricke, J. G. et al. (2009): *Nicotine-induced brain metabolism associated with anger provocation*, in: Behavioral and Brain Functions, 5, S. 19

Gisi, T. M.; D'Amato, R. C. (2000): *What factors should be considered in rehabilitation: Are anger, social desirability, and forgiveness related in adults with traumatic brain injuries?*, in: International Journal of Neuroscience, 105(1–4), S. 121–133

Harmon-Jones, E. (2004): *Contributions from research on anger and cognitive dissonance to understanding the motivational functions of asymmetrical frontal brain activity*, in: Biological Psychology, 67(1–2), S. 51–76

Harmon-Jones, E.; Sigelman, J. (2001): *State anger and prefrontal brain activity: Evidence that insult-related relative left-prefrontal activation is associated with experienced anger and aggression*, in: Journal of Personality and Social Psychology, 80(5), S. 797–803

Harmon-Jones, E. et al. (2004): *The effect of manipulated sympathy and anger on left and right frontal cortical activity*, in: Emotion, 4(1), S. 95–101

Harmon-Jones, E.; Winkielman, P. (Hg.) (2007): *Asymmetrical frontal cortical activity, affective valence, and motivational direction*, in: Social neuroscience: Integrating biological and psychological explanations of social behavior, New York, S. 137–151

Harris, J. C. (2003): *Social neuroscience, empathy, brain integration, and neurodevelopmental disorders*, in: Physiology & Behavior, 79(3), S. 525–531

Hennenlotter, A. et al. (2009): *The link between facial feed-back and neural activity within central circuitries of emotion: New insights from botulinum toxin-induced denervation of frown muscles*, in: Cerebral Cortex, 19(3), S. 537–542

Hewig, J. et al. (2004): *On the selective relation of frontal cortical asymmetry and anger-out versus anger-control*, in: Journal of Personality and Social Psychology, 87(6), S. 926–939

Honck, J. van; Schutter, D. J. L. G. (2007): *Vigilant and avoidant responses to angry facial expressions: Dominance and submission motives*, in: Harmon-Jones, E.; Winkielman, P. (Hg.): Social neuroscience: Integrating biological and psychological explanations of social behavior, New York, S. 197–223

Jamner, L. D.; Shapiro, D.; Jarvik, M. E. (1999): *Nicotine reduces the frequency of anger reports in smokers and nonsmokers with high but not low hostility: An ambulatory study*, in: Experimental & Clinical Psychopharmacology, 7(4), S. 454–463

Kimbrell, T. A. et al. (1999): *Regional brain activity during transient selfinduced anxiety and anger in healthy adults*, in: Biological Psychiatry, 46(4), S. 454–465

Lewis, M. B.; Bowler, P. J. (2009): *Botulinum toxin cosmetic therapy correlates with a more positive mood*, in: Journal of Cosmetic Dermatology, 8(1), S. 24–26

Meeks, T. W.; Jeste, D. V. (2009): *Neurobiology of wisdom: A literature overview*, in: Archives of General Psychiatry, 66(4), S. 355–365

Miller, P. A.; Eisenberg, N. (1988): *The relation of empathy to aggressive and externalizing/antisocial behavior*, in: Psychological Bulletin, 103(3), S. 324–344

Murphy, F. C.; Nimmo-Smith, I.; Lawrence, A. D. (2003): *Functional neuroanatomy of emotions: A meta-analysis*, in: Cognitive, Affective & Behavioral Neuroscience, 3(3), S. 207–233

Nelson, R. J.; Trainor, B. C. (2007): *Neural mechanisms of aggression*, in: Nature Reviews Neuroscience, 8(7), S. 536–546

Northoff, G. (2005): *Is emotion regulation self-regulation?*, in: Trends in Cognitive Sciences, 9(9), S 408–410

Ochsner, K. N.; Gross, J. J. (2005): *The cognitive control of emotion*, in: Trends in Cognitive Sciences, 9(5), S. 242–249

Ochsner, K. N. et al. (2004): *For better or for worse: Neural systems supporting the cognitive down-and up-regulation of negative emotion,* in: NeuroImage, 23(2), S. 483–499

Pedersen, C. A. (2004): *Biological aspects of social bonding and the roots of human violence*, in: Annals of the New York Academy of Sciences, 1036, S. 106–127

Phan, K. L. et al. (2005): *Neural substrates for voluntary suppression of negative affect: A functional magnetic resonance imaging study*, in: Biological Psychiatry, 57(3), S. 210–219

Phan, K. L. Et al. (2002): *Functional neuroanatomy of emotion: A meta-analysis of emotion activation studies in PET and fMRI*, in: NeuroImage, 16(2), S. 331–348

Phan, K. L. et al.: *Functional neuroimaging studies of human emotions*, in: CNS Spectrums, 9(4), S. 258–266

Pietrini, P. et al. (2000): *Neural correlates of imaginal aggressive behavior assessed by positron emission tomography in healthy subjects*, in: American Journal of Psychiatry, 157(11), S. 1772–1781

Pietrini, P. et al. (2004): *Symposium abstract: How the brain responds to hurtful events: Neural activity elicited by aggressive versus forgiving behavior in humans*, in: International Journal of Psychophysiology, 54, S. 26

Quirk, G. J.; Beer, J. S. (2006): *Prefrontal involvement in the regulation of emotion: Convergence of rat and human studies*, in: Current Opinion in Neurobiology, 16(6), S. 723–727

Ramachandran, V. S.; Blakeslee, S. (2002): *Die blinde Frau, die sehen kann. Rätselhafte Phänomene unseres Bewusstseins*, Reinbek bei Hamburg

Reuter, M. et al. (2009): *The biological basis of anger: Associations with the gene coding for DARPP-32 (PPP1R1B) and with amygdala volume*, in: Behavioural Brain Research, 202(2), S. 179–183

Shamay-Tsoory, S. G.; Aharon-Peretz, J.; Perry, D. (2009): *Two systems for empathy: A double dissociation between emotional and cognitive empathy in inferior frontal gyrus versus ventromedial prefrontal lesions*, in: Brain, 132(Pt 3), S. 617–627

Siever, L. J. (2008): *Neurobiology of aggression and violence*, in: American Journal of Psychiatry, 165(4), S. 429–442

Silva, J. A. et al. (1994): *A cognitive model of dangerous delusional misidentification syndromes*, in: Journal of Forensic Sciences, 39(6), S. 1455–1467

Stanton, S. J. et al. (2009): *Endogenous testosterone levels are associated with amygdala and ventromedial prefrontal cortex responses to anger faces in men but not women*, in: Biological Psychology, 81(2), S. 118–122

Stewart, J. L. et al. (2008): *Anger style, psychopathology, and regional brain activity*, in: Emotion, 8(5), S. 701–713

Tamir, M.; Mitchell, C.; Gross, J. J. (2008): *Hedonic and instrumental motives in anger regulation*, in: Psycholgical Science, 19(4), S. 324–328

Thurman, R. A. F. (2005): *Anger: The seven deadly sins.* New York

Worthington, E. L. et al. (2007): *Forgiveness, health, and well-being: A review of evidence for emotional versus decisional forgiveness, dispositional forgivingness, and reduced unforgiveness*, in: Journal of Behavioral Medicine, 30(4), S. 291–304

Young, L.; Koenigs, M. (2007): *Investigating emotion in moral cognition: A review of evidence from functional neuroimaging and neuropsychology*, in: British Medical Bulletin, 84, S. 69–79

Young, L.; Saxe, R. (2009): *Innocent intentions: A correlation between forgiveness for accidental harm and neural activity*, in: Neuropsychologia, 47(10), S. 2065–2072

www.ted.com/talks/vilayanur_ramachandran_on_your_mind.html

Lust

American Psychiatric Association (2000): *Diagnostic and statistical manual of mental disorders, Text Revision (DSM-IV-TR)*, Washington, DC

Arnow, B. A. et al. (2002): *Brain activation and sexual arousal in healthy, heterosexual males*, in: Brain, 125(5), S. 1014–1023

Arnow, B. A. et al. (2009): *Women with hypoactive sexual desire disorder compared to normal females: A functional magnetic resonance imaging study*, in: Neuroscience, 158(2), S. 484–502

Aull-Watschinger, S.; Pataraia, E.; Baumgartner, C. (2008): *Sexual auras: Predominance of epileptic activity within the mesial temporal lobe*, in: Epilepsy & Behavior, 12(1), S. 124–127

Bergh, B. van den; Dewitte, S.; Warlop, L. (2008): *Bikinis instigate generalized impatience in intertemporal choice*, in: Journal of Consumer Research, 35(1), S. 85–97

Berlin, F. S. (2008): *Basic science and neurobiological research: Potential relevance to sexual compulsivity*, in: Psychiatric Clinics of North America, 31(4), S. 623–642

Blackburn, S. (2008): *Wollust. Die schönste Todsünde*, Berlin

Blanchard, R. et al. (2003): *Self-reported head injuries before and after age 13 in pedophilic and nonpedophilic men referred for clinical assessment*, in: Archives of Sexual Behavior, 32(6), S. 573–581

Canli, T.; Gabrieli, J. D. (2004): *Imaging gender differences in sexual arousal*, in: Nature Neuroscience, 7(4), S. 325–326

Carmichael, M. S. et al. (1987): *Plasma oxytocin increases in the human sexual response*, in: Journal of Clinical Endocrinology and Metabolism, 64(1), S. 27–31

Carmichael, M. S. et al. (1994): *Relationships among cardiovascular, muscular, and oxytocin responses during human sexual activity*, in: Archives of Sexual Behavior, 23(1), S. 59–79

Childress, A. R. et al. (2008): *Prelude to passion: Limbic activation by »unseen« drug and sexual cues*, in: PLoS ONE, 3(1), e1506

Doshi, P.; Bhargava, P. (2008): *Hypersexuality following subthalamic nucleus stimulation for parkinson's disease*, in: Neurology India, 56(4), S. 474–476

Ethofer, T. et al. (2007): *The voices of seduction: Cross-gender effects in processing of erotic prosody*, in: Social Cognitive and Affective Neuroscience, 2(4), S. 334–337

Fisher, H. E. et al. (2002): *Defining the brain systems of lust, romantic attraction, and attachment*, in: Archives of Sexual Behavior, 31(5), S. 413–419

Freeman, W. (1973): *Sexual behavior and fertility after frontal lobotomy*, in: Biological Psychiatry, 6(1), S. 97–104

Frohman, E. M.; Frohman, T. C.; Moreault, A. M. (2002): *Acquired sexual paraphilia in patients with multiple sclerosis*, in: Archives of Neurology, 59(6), S. 1006–1010

Grabowska-Grzyb, A.; Naganska, E.; Wolanczyk, T. (2006): *Hypersexuality in two patients with epilepsy treated with lamotrigine*, in: Epilepsy & Behavior, 8(3), S. 663–665

Guay, D. R. (2008): *Inappropriate sexual behaviors in cognitively impaired older individuals*, in: American Journal of Geriatric Pharmacotherapy, 6(5), S. 269–288

Guay, D. R. (2009): *Drug treatment of paraphilic and nonparaphilic sexual disorders,* in: Clinical Therapeutics, 31(1), S. 1–31

Hamann, S. et al. (2004): *Men and women differ in amygdala response to visual sexual stimuli*, in: Nature Neuroscience, 7(4), S. 411–416

Hatfield, E.; Rapson, R. L. (2009): *Lust*, in: Sander, D.; Scherer, K. R. (Hg.): Oxford companion to emotion and the affective sciences, New York, S. 245

Heinzel, A. et al. (2006): *Self-related processing in the sexual domain: A parametric eventrelated fMRI study reveals neural activity in ventral cortical midline structures*, in: Social Neuroscience, 1(1), S. 41–51

Karama, S. et al. (2002): *Areas of brain activation in males and females during viewing of erotic film excerpts*, in: Human Brain Mapping, 16(1), S. 1–13

Kawabata, H.; Zeki, S. (2008): *The neural correlates of desire*, in: PLoS ONE, 3(8), e3027

Kim, Y. Y. et al. (2008): *Pathological hypersexuality induced by dopamine replacement therapy in a patient with progressive supranuclear palsy*, in: Journal of Neuropsychiatry and Clinical Neurosciences, 20(4), S. 496–497

Langevin, R. (2006): *Sexual offenses and traumatic brain injury*, in: Brain and Cognition, 60(2), S. 206–207

Leon-Carrion, J. et al. (2007): *Does dorsolateral prefrontal cortex (DLPFC) activation return to baseline when sexual stimuli cease the role of DLPFC in visual sexual stimulation*, in: Neuroscience Letters, 416(1), S. 55–60

Lisk, D. R. (2009): *Kleine-Levin syndrome*, in: Practical Neurology, 9(1), S. 42–45

Lykins, A. D.; Meana, M.; Strauss, G. P. (2008): *Sex differences in visual attention to erotic and non-erotic stimuli*, in: Archives of Sexual Behavior, 37(2), S. 219–228

Mick, T. M.; Hollander, E. (2006): *Impulsive-compulsive sexual behavior*, in: cns Spectrums, 11(12), S. 944–955

Miller, B. L. et al. (1986): *Hypersexuality or altered sexual preference following brain injury*, in: Journal of Neurology, Neurosurgery, and Psychiatry, 49(8), S. 867–873

Mogenson, G. J. et al. (1979): *Self-stimulation of the nucleus accumbens and ventral tegmental area of tsai attenuated by microinjections of spiroperidol into the nucleus accumbens*, in: Brain Research, 171(2), S. 247–259

Mutarelli, E. G.; Omuro, A. M.; Adoni, T. (2006): *Hypersexuality following bilateral thalamic infarction: Case report*, in: Arquivos de Neuro-Psiquiatria, 64(1), S. 146–148

Olds, J.; Milner, P. (1954): *Positive reinforcement produced by electrical stimulation of septal area and other regions of rat brain*, in: Journal of Comparative and Physiological Psychology, 47(6), S. 419–427

Oliveira, M. M. et al. (2009): *Pharmacological treatment for kleine-levin syndrome*, in: Cochrane Database of Systematic Reviews, (3), S. 1–12

Ortigue, S.; Bianchi-Demicheli, F. (2008): *The chronoarchitecture of human sexual desire: A high-density electrical mapping study*, in: Neuroimage, 43(2), S. 337–345

Park, K. et al. (2001): *Bloodoxygenation-level-dependent functional magnetic resonance imaging for evaluating cerebral regions of female sexual arousal response*, in: Urology, 57(6), S. 1189–1194

Pfaus, J. G. (2009): *Pathways of sexual desire*, in: Journal of Sexual Medicine, 6(6), S. 1506–1533

Prause, N.; Janssen, E.; Hetrick, W. P. (2008): *Attention and emotional responses to sexual stimuli and their relationship to sexual desire*, in: Archives of Sexual Behavior, 37(6), S. 934–949

Rees, P. M.; Fowler, C. J.; Maas, C. P. (2007): *Sexual function in men and women with neurological disorders*, in: Lancet, 369(9560), S. 512–525

Rowland, D. L. (2006): *Neurobiology of sexual response in men and women*, in: CNS Spectrums, 11(8 Suppl 9), S. 6–12

Safarinejad, M. R. (2009): *Treatment of nonparaphilic hypersexuality in men with a longacting analog of gonadotropin-releasing hormone*, in: Journal of Sexual Medicine, 6(4), S. 1151–1164

Sewards, T. V.; Sewards, M. A. (2003): *Representations of motivational drives in mesial cortex, medial thalamus, hypothalamus and midbrain*, in: Brain Research Bulletin, 61(1), S. 25–49

Simpson, G.; Blaszczynski, A.; Hodgkinson, A. (1999): *Sex offending as a psychosocial sequela of traumatic brain injury*, in: Journal of Head Trauma Rehabilitation, 14(6), S. 567–580

Simpson, G. et al. (2001): *Social, neuroradiologic, medical, and neuropsychologic correlates of sexually aberrant behavior after traumatic brain injury: A controlled study*, in: Journal of Head Trauma Rehabilitation, 16(6), S. 556–572

Spinella, M. (2004): *Hypersexuality and dysexecutive syndrome after a thalamic infarct*, in: International Journal of Neuroscience, 114(12), S. 1581–1590

Stein, D. J. (2008): *Classifying hypersexual disorders: Compulsive, impulsive, and addictive models*, in: Psychiatric Clinics of North America, 31(4), S. 587–591

Stoleru, S. et al. (1999): *Neuroanatomical correlates of visually evoked sexual arousal in human males*, in: Archives of Sexual Behavior, 28(1), S. 1–21

Temel, Y. et al. (2006): *Behavioural changes after bilateral subthalamic stimulation in advanced parkinson disease: A systematic review*, in: Parkinsonism & Related Disorders, 12(5), S. 265–272

Wallace, M.; Safer, M. (2009): *Hypersexuality among cognitively impaired older adults*, in: Geriatric Nursing, 30(4), S. 230–237

Walter, M. et al. (2008): *Distinguishing specific sexual and general emotional effects in fMRI-subcortical and cortical arousal during erotic picture viewing*, in: Neuroimage, 40(4), S. 1482–1492

Gefräßigkeit

Adam, T. C.; Epel, E. S. (2007): *Stress, eating and the reward system*, in: Physiology & Behavior, 91(4), S. 449–458

Anand, B. K.; Brobeck, J. R. (1951): *Localization of a ›feeding center‹ in the hypothalamus of the rat*, in: Proceedings of the Society for Experimental Biology and Medicine, 77(2), S. 323–324

Arends, M.; Fangerau, H.; Winterer, G. (2009): ›*Psychochirurgie*‹ *und tiefe Hirnstimulation mit psychiatrischer Indikation*, in: Der Nervenarzt, 80(7), S. 781–788

Avena, N. M.; Rada, P.; Hoebel, B. G. (2008): *Evidence for sugar addiction: Behavioral and neurochemical effects of intermittent, excessive sugar intake*, in: Neuroscience and Biobehavioral Reviews, 32(1), S. 20–39

Barbano, M. F.; Le Saux, M.; Cador, M. (2009): *Involvement of dopamine and opioids in the motivation to eat: Influence of palatability, homeostatic state, and behavioral paradigms*, in: Psychopharmacology, 203(3), S. 475–487

Beasley, J. W. (2003): *Obesity and years of life lost*, in: Journal of the American Medical Association, 289(14), S. 1777

Beaver, J. D. et al. (2006): *Individual differences in reward drive predict neural responses to images of food*, in: Journal of Neuroscience, 26(19), S. 5160–5166

Bernardis, L. L.; Bellinger, L. L.(1996): *The lateral hypothalamic area
revisited: Ingestive behavior*, in: Neuroscience and Biobehavioral
Reviews, 20(2), S. 189–287

Berridge, K. C. (2009): *›Liking‹ and ›wanting‹ food rewards: Brain
substrates and roles in eating disorders*, in: Physiology & Behavior,
97(5), S. 537–550

Berridge, K. C.; Robinson, T. E.; Aldridge, J. W. (2009): *Dissecting
components of reward: ›liking‹, ›wanting‹ and learning*, in: Current
Opinion in Pharmacology, 9(1), S. 65–73

Blundell, J. E. et al. (1996): *Control of human appetite: Implications for the
intake of dietary fat*, in: Annual Review of Nutrition, 16, S. 285–319

Burgard, D. (2009): *The brainscan as inkblot*, in: Proceedings of the
National Academy of Sciences of the United States of America,
106(15), S. 36–37

Carlezon jr., W. A.; Chartoff, E. H. (2007): *Extreme chipping: Addiction to
a high-fat diet?*, in: Biological Psychiatry, 61(9), S. 1019–1020

Davis, C. A. et al. (2009): *Dopamine for ›wanting‹ and opioids for ›liking‹:
A comparison of obese adults with and without binge eating*, in: Obesity
(Silver Spring, Maryland), 17(6), S. 1220–1225

De Araujo, I. E.; Rolls, E. T. (2004): *Representation in the human brain of
food texture and oral fat*, in: Journal of Neuroscience, 24(12),
S. 3086–3093

Deitel, M. (2002): *The international obesity task force and ›globesity‹*, in:
Obesity Surgery, 12(5), S. 613–614

Del Parigi, A.; Chen, K.; Reiman, E. M. (2007): *Is the brain representation
of hunger normal in the Prader-Willi syndrome?*, in: International
Journal of Obesity (2005), 31(2), S. 390–391

Dimitropoulos, A.; Schultz, R. T. (2008): *Food-related neural circuitry in
Prader-Willi syndrome: Response to high- versus low-calorie foods*, in:
Journal of Autism and Developmental Disorders, 38(9), S. 1642–1653

Field, A. E. et al. (2001): *Impact of overweight on the risk of developing
common chronic diseases during a 10-year period*, in: Archives of
Internal Medicine, 161(13), S. 1581–1586

Fontaine, K. R. et al. (2003): *Years of life lost due to obesity*, in: The Journal
of the American Medical Association, 289(2), S. 187–193

Grabenhorst, F. et al. (2009): *How the brain represents the reward value of
fat in the mouth*, in: Cerebral Cortex.

Halpern, C. H. et al. (2008): *Deep brain stimulation in the treatment of
obesity*, in: Journal of Neurosurgery, 109(4), S. 625–634

Hinton, E. C. et al. (2006): *An investigation into food preferences and the
neural basis of food-related incentive motivation in prader-willi
syndrome*, in: Journal of Intellectual Disability Research, 50(9),
S. 633–642

Hinton, E. C. et al. (2006): *Neural representations of hunger and satiety in prader-willi syndrome*, in: International Journal of Obesity (2005), 30(2), S. 313–321

Hoebel, B. G. (1985): *Brain neurotransmitters in food and drug reward*, in: American Journal of Clinical Nutrition, 42(5 Suppl), S. 1133–1150

Hofmann, W.; Friese, M.; Roefs, A. (2009): *Three ways to resist temptation: The independent contributions of executive attention, inhibitory control, and affect regulation to the impulse control of eating behavior*, in: Journal of Experimental Social Psychology, 45(2), S. 431–435

Holsen, L. M. et al. (2006): *Neural mechanisms underlying hyperphagia in prader-willi syndrome*, in: Obesity (Silver Spring, Marylandd), 14(6), S. 1028–1037

Holsen, L. M. et al. (2009): *Genetic subtype differences in neural circuitry of food motivation in prader-willi syndrome*, in: International Journal of Obesity (2005), 32(2), S. 273–283

Kauer, J. A.; Malenka, R. C. (2007): *Synaptic plasticity and addiction*, in: Nature Reviews Neuroscience, 8(11), S. 844–858

Kessler, D. A. (2011): *Das Ende des großen Fressens. Wie die Nahrungs-mittelindustrie Sie zu übermäßigem Essen verleitet*, München

Kringelbach, M. L. (2009): *The pleasure center: Trust your animal instincts*, New York

Kuller, L. H. (2003): *Obesity and years of life lost*, in: Journal of the American Medical Association, 289(14), S. 1777–1778

Larson, P. S. (2008): *Deep brain stimulation for psychiatric disorders*, in: Neurotherapeutics: The Journal of the American Society for Experimental NeuroTherapeutics, 5(1), S. 50–58

Lowe, M. R.; Butryn, M. L. (2007): *Hedonic hunger: A new dimension of appetite?*, in: Physiology & Behavior, 91(4), S. 432–439

Lowe, M. R. et al. (2009): *Neural correlates of individual differences related to appetite*, in: Physiology & Behavior, 97(5), S. 561–571

Lundy jr., R. F. (2008): *Gustatory hedonic value: Potential function for forebrain control of brainstem taste processing*, in: Neuroscience and Biobehavioral Reviews, 32(8), S. 1601–1606

Lutter, M.; Nestler, E. J. (2009): *Homeostatic and hedonic signals interact in the regulation of food intake*, in: Journal of Nutrition, 139(3), S. 629–632

Malik, S. et al. (2008): *Ghrelin modulates brain activity in areas that control appetitive behavior*, in: Cell Metabolism, 7(5), S. 400–409

Miller, J. L. et al. (2009): *Early childhood obesity is associated with compromised cerebellar development*, in: Developmental Neuropsychology, 34(3), S. 272–283

Miller, J. L. et al. (2007): *Enhanced activation of reward mediating prefrontal regions in response to food stimuli in Prader-Willi syndrome*,

in: Journal of Neurology, Neurosurgery, and Psychiatry, 78(6),
S. 615–619

Morton, G. J. et al. (2006): *Central nervous system control of food intake and body weight*, in: Nature, 443(7109), S. 289–295

Nestler, E. J. (2005): *Is there a common molecular pathway for addiction?*, in: Nature Neuroscience, 8(11), S. 1445–1449

Niehaus, J. L.; Cruz-Bermudez. N. D.; Kauer, J. A. (2009): *Plasticity of addiction: A mesolimbic dopamine short-circuit?*, in: The American Journal on Addictions/American Academy of Psychiatrists in Alcoholism and Addictions, 18(4), S. 259–271

Nirenberg, M. J.; Waters, C. (2006): *Compulsive eating and weight gain related to dopamine agonist use*, in: Movement Disorders, 21(4), S. 524–529

Ogura, K. et al. (2008): *Frontal behavioral syndromes in Prader-Willi syndrome*, in: Brain & Development, 30(7), S. 469–476

Passamonti, L. et al. (2009): *Personality predicts the brain's response to viewing appetizing foods: The neural basis of a risk factor for overeating*, in: Journal of Neuroscience. 29(1), S. 43–51

Peeters, A. et al. (2003): *Methods of estimating years of life lost due to obesity*, in: Journal of the American Medical Association, 289(22), S. 2941–2942

Pelchat, M. L. (2009): *Food addiction in humans*, in: The Journal of Nutrition, 139(3), S. 620–622

Prose, F. (2003): *Gluttony: The seven deadly sins*, New York

Quaade, F.; Vaernet, K.; Larsson. S. (1974): *Stereotaxic stimulation and electrocoagulation of the lateral hypothalamus in obese humans*, in: Acta Neurochirurgica, 30(1–2), S. 111–117

Rabins, P. et al. (2009): *Scientific and ethical issues related to deep brain stimulation for disorders of mood, behavior and thought*, in: Archives of General Psychiatry, 66(9), S. 931–937

Rolls, E. T. (1981): *The neurophysiology of feeding*, in: Proceedings of the Nutrition Society, 40(3), S. 361–362

Rolls, E. T. (1984): *The neurophysiology of feeding*, in: International Journal of Obesity, 8(Suppl 1), S. 139–150

Siep, N. et al. (2009): *Hunger is the best spice: An fMRI study of the effects of attention, hunger and calorie content on food reward processing in the amygdala and orbitofrontal cortex*, in: Behavioural Brain Research, 198(1), S. 149–158

Smith, K. S.; Berridge, K. C. (2007): *Opioid limbic circuit for reward: Interaction between hedonic hotspots of nucleus accumbens and ventral pallidum*, in: Journal of Neuroscience, 27(7), S. 1594–1605

Smith, K. S. et al. (2009): *Ventral pallidum roles in reward and motivation*, in: Behavioural Brain Research, 196(2), S. 155–167

Smith, P. M.; Ferguson, A. V. (2008): *Neurophysiology of hunger and satiety*, in: Developmental Disabilities Research Reviews, 14(2), S. 96–104

Stoeckel, L. E. et al. (2008): *Widespread reward-system activation in obese women in response to pictures of highcalorie foods*, in: NeuroImage, 41(2), S. 636–647

Swaab, D. F. (1995): *Development of the human hypothalamus*, in: Neurochemical Research, 20(5), S. 509–519

Swaab, D. F. (1997): *Prader-willi syndrome and the hypothalamus*, in: Acta Paediatrica, 423(Suppl.), S. 50–54

Teegarden, S. L.; Bale, T. L. (2007): *Decreases in dietary preference produce increased emotionality and risk for dietary relapse*, in: Biological Psychiatry, 61(9), S. 1021–1029

Teegarden, S. L.; Bale, T. L. (2008): *Effects of stress on dietary preference and intake are dependent on access and stress sensitivity*, in: Physiology & Behavior, 93(4–5), S. 713–723

Teegarden, S. L.; Scott, A. N.; Bale, T. L. (2009): *Early life exposure to a high fat diet promotes long-term changes in dietary preferences and central reward signaling*, in: Neuroscience, 162(4), S. 924–932

Volkow, N. D. et al. (2009): *Inverse association between BMI and prefrontal metabolic activity in healthy adults*, in: Obesity (Silver Spring, Maryland), 17(1), S. 60–65

Wallenstein, G. V. (2009): *For the love of chocolate*, in: The pleasure instinct: Why we crave adventure, chocolate, pheromones, and music, Hoboken, New Jersey, S. 79–94

Wang, G. et al. (2008): *Binge eating is associated with increases in extracellular dopamine during food stimulation*, in: Journal of Nuclear Medicine: Meeting Abstracts, 49(Suppl. 1), 234P.

Wang, G. J. et al. (2009): *Evidence of gender differences in the ability to inhibit brain activation elicited by food stimulation*, in: Proceedings of the National Academy of Sciences of the United States of America, 106(4), S. 1249–1254

Wilson, M. E. et al. (2008): *Quantifying food intake in socially housed monkeys: Social status effects on caloric consumption*, in: Physiology & Behavior, 94(4), S. 586–594

Wise, R. A.; Rompre, P. P. (1989): *Brain dopamine and reward*, in: Annual Review of Psychology, 40, S. 191–225

Yeomans, M. R.; Blundell, J. E.; Leshem, M. (2004): *Palatability: Response to nutritional need or need-free stimulation of appetite?*, in: British Journal of Nutrition, 92(Suppl. 1), S. 3–14

Weiterführende Links

http://abcnews.go.com/Health/story?id=7023288&page=1
http://abcnews.go.com/GMA/story?id=8222023&page=1

Die Leidenschaften des Gehirns

Leknes, S.; Tracey, I. (2008): *A common neurobiology for pain and pleasure*,
    in: Nature Reviews Neuroscience, 9(4), S. 314–320
Lieberman, M. D.; Eisenberger, N. I. (2009): *Neuroscience. Pains and
    pleasures of social life*, in: Science, 323(5916), S. 890–891
Meeks, T. W.; Jeste, D. V. (2009): *Neurobiology of wisdom: A literature
    overview*, in: Archives of General Psychiatry, 66(4), S. 355–365

GLOSSAR ANATOMISCHER LAGE- UND RICHTUNGS-BEZEICHNUNGEN

BEGRIFF	BEDEUTUNG
Dorsal	Bezeichnet die oberen Hirnteile des menschlichen Gehirns, auch wenn dorsal wörtlich eigentlich »am Rücken gelegen« bedeutet. Die Terminologie geht auf die körperliche Lage bei Vierfüßlern zurück, bei denen die obere Seite des Kopfes dem Rücken zugewandt ist. Der Mensch steht jedoch aufrecht, sodass sich die Relation von Kopf und Rücken verändert, was die Terminologie etwas verwirrend gestaltet.
Ventral	Der entsprechende Bereich befindet sich an der Bauchseite. Bezüglich des menschlichen Gehirns bezeichnet der Begriff den unteren Bereich des Gehirns. Auch diese Terminologie geht auf die körperliche Lage bei Vierfüßlern zurück.
Anterior	an der Vorderseite eines Bereichs gelegen
Posterior	an der Rückseite eines Bereichs gelegen

Superior	oberhalb eines anderen Bereichs gelegen
Inferior	unterhalb eines anderen Bereichs gelegen
Lateral	an der Außenseite, zur Seite hin gelegen
Medial	im Inneren, zur Mitte hin gelegen

SCHAUBILD DES GEHIRNS

Lagebezeichnung wichtiger Hirnregionen, die an Beloh-
nung/Genuss und Schmerz beteiligt sind:

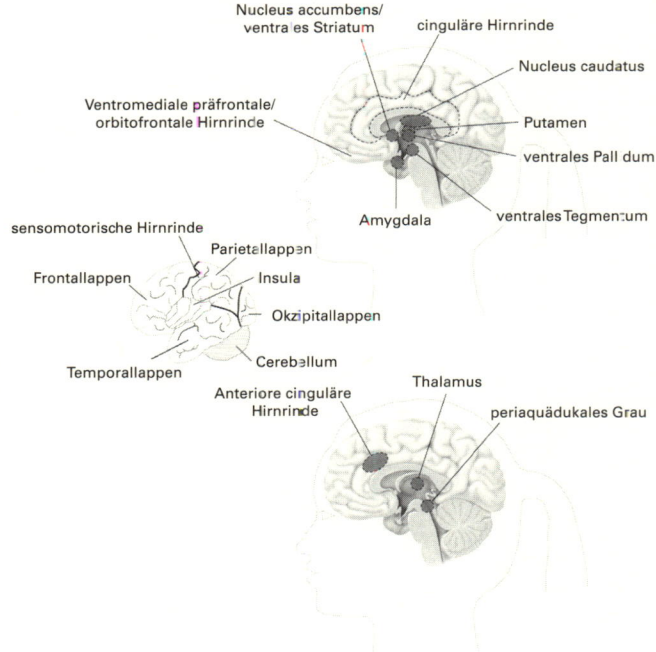

Quelle: Carpentier, M. B.; Scatterfield, T. S. (Hg.) (1991): Core *text of neuroanatomy*, Baltimore
Lieberman, M. D.; Eisenberger, N. I. (2009): *Neuroscience. Pains and pleasures
of social life*, in: Science, 323(5916). S. 890–891

ABBILDUNGSVERZEICHNIS

Abbildung auf Seite 13: Phineas Gages Schädel und die Stange, die ihn bei der Explosion durchbohrte. Laut John Fleischmann wurden die Fotos 1868 von Dr. Harlow aufgenommen.

Abbildung Seite 21: Rekonstruktion des Weges, auf dem sich die Eisenstange möglicherweise durch den Schädel und das Gehirn von Phineas Gage gebohrt hat. Abbildung vom Titelblatt der Zeitschrift *Science*. Aus: Damasio, H. et al. (1994): *The return of Phineas Gage: Clues from the brain of a famous patient*, in: Science, 264, S. 1102–1156. Department of Image Analysis Facility, University of Iowa, American Association for the Advancement of Science, copyright 1994.

Abbildung Seite 77: Co Westerik, Snijden aan het gras (Schnitt am Grashalm) 1966, c/o Pictoright Amsterdam 2009.

DANKSAGUNG

Dieses Buch hätte ohne die Mithilfe zahlreicher Menschen nicht entstehen können. An erster Stelle möchte ich den Patienten, Probanden und Wissenschaftlern danken, die das Buch inhaltlich möglich gemacht haben. Ihr Engagement und ihr Einsatz haben wesentlich dazu beigetragen, dass wir heute etwas mehr über die Aktivität unseres Gehirns und seiner Funktionsweise wissen und diese Erkenntnisse gegebenenfalls im Alltag nutzen können. Dann möchte ich meiner niederländischen Lektorin Marieke von Oostrom und meinem Verleger Mai Spijkers danken für die Zusammenarbeit und für ihre Geduld, die sie hinsichtlich meines Manuskripts aufbringen mussten. Marieke möchte ich außerdem ausdrücklich für ihre Anmerkungen zum Text und zudem für ihre Überredungskunst danken, ohne die das Buch vielleicht gar nicht vollendet worden wäre. Ferner möchte ich Carlijn Campman für ihre Unterstützung bei der Recherche, für das Erstellen der Abbildung und die fachlichen Diskussionen danken. Desiree Kruijt danke ich für die Ausführung der abschließenden Textänderungen des Manuskripts und für ihre vielfältige Unterstützung. Marie-Josée Abbing gilt mein Dank für die Hilfe bei der Bearbeitung der lateinischen Quellen. Joost Sitskoorn, René Mandl, Maarten van de Heuvel, Miriam Salden, Henri Geerts, Jean Vroomen und Patrick Maitimo möchte ich für ihre Anmerkungen zu älteren Versionen dieses Manuskripts und die anregende

Diskussionen mit mir danken. Sie alle haben mir das Schreiben dieses Buches zu einer ungemein interessanten und lehrreichen Erfahrung werden lassen. Danke.

Margriet Sitskoorn, November 2009

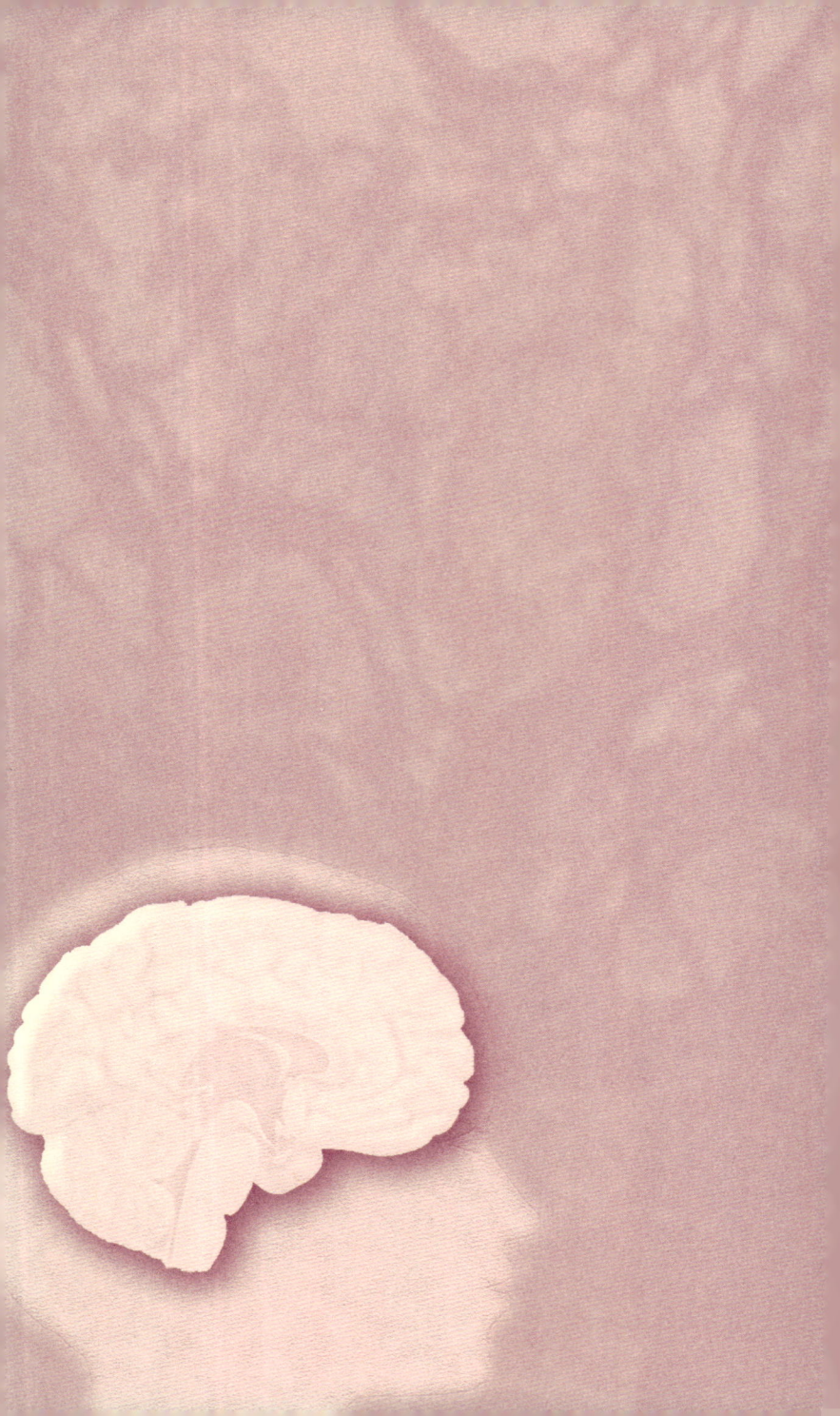